権力に迫る「調査報道」

高田昌幸＋大西祐資＋松島佳子 編著

原発事故、パナマ文書、日米安保をどう報じたか

旬報社

まえがき

あなたは五年前のふとした「疑問」を記憶しているだろうか。
あるいは三年前の、ちょっとした「引っ掛かり」はどうだろうか。
「なぜ、そんなことが起きているのか」「どうして、こんな理不尽な出来事が続くのか」

日常の中で、そんな疑問や引っ掛かりが生じたとしても、ほとんどの人は多忙な日々の中で忘れてしまう。

記者もたぶん同じである。事件や事故、記者会見、イベントや講演会の取材…。ただでさえ忙しい取材と同時並行で、読まなければならない資料や参考書籍が山積みになる。誤解を恐れずに言えば、そうした時間を重ねるうち、記者もつい、「疑問」「引っ掛かり」を忘れてしまう。

しかし、そうではない取材者もいる。小さな疑問、わずかな引っ掛かり。それを忘れず、いつまでも頭に置き、執着し、疑問を突き詰めていく。

本書は、そんな記者たちによる執念の記録でもある。

「調査報道こそがジャーナリズムの使命だ」「調査報道を手放した報道機関は、もはや報道機関ではない」

そんなことが最近、報道界の内外で盛んに語られるようになってきた。

米国のニクソン大統領を失脚させた米紙ワシントンポストの「ウォーターゲート事件報道」（一九七二年）、自民党の竹下登内閣を崩壊させた朝日新聞の「リクルート事件報道」（一九八八年）など、権力監視型の調査報道は過去、輝かしい実績を積み重ねてきた。その栄光の歴史からすれば、「最近は調査報道に勢いがない」という指摘はあながち的外れではあるまい。

では、調査報道は本当に絶えつつあるのか。

「そうではない」というのが、筆者たちの結論である。

部数減少やインターネットの興隆などに伴って、確かに新聞社の経営は悪化している。テレビ局の経営も不透明さが増してきた。そうした環境下にあって、経費や時間のかかる調査報道は、どのメディア企業でも「お荷物」とされる雰囲気は強まっている。

しかし、メディア企業の環境悪化や調査報道の衰退がどうであれ、「取材現場を日々這い回る記者は嘆いたり、批判したりする前にやることがあるのではないか」と筆者たちは考えた。その一つは、調査報道のノウハウを広く公開して共有することであり、先人たちの経験を学ぶことであり、そこから何を汲み取るべきかを考えることでもある。

調査報道を通じて、隠された情報を社会に広く伝える。その行為は民主主義社会において不可欠な要素であり、「もう二度と読者を騙してはいけない」という基本線は日本敗戦の七〇余年前に先輩記者たちが心に誓ったはずだ。

だから、どこの会社の記者か、会社員記者かフリージャーナリストかといった枠を超えて、記者にはそれを引き継いでいく義務がある。筆者たちは、そう考えてもいる。

本書は二〇一一年九月に旬報社から出版された「権力vs.調査報道」の続編である。前著では「リクルート事件報道」「大阪地検特捜部検事による証拠改ざん事件報道」など、その時点で知られた四つの調査報道を取り上げ、取材のプロセスや考え方、ジャーナリズムの役割といった事柄を当の取材者本人に存分に語ってもらった。

あれから五年。この間、日本では大きな出来事がいくつもあった。特に、東京電力福島第一原発の事故と安保・自衛隊をめぐる動きは、戦後日本の大きな転換点だった。本書ではこの二つのテーマ、すなわち、「原発事故」と「安保・自衛隊」をめぐる調査報道はどのように展開されたかを軸に据え、それぞれの取材当事者に調査報道の取材プロセスや報道の今後について長時間インタビューした。

もとより、この五年間には名だたる調査報道がほかにもたくさんあった。本書でインタビューした記者は八人。その記者たちが登場した理由は、筆者たちの個人的な関心の結果に過ぎないのであり、八人の仕事が「ベスト」というわけではない。

インタビューを熟読していただくと、八人の誰もが「ふとした疑問」「小さな引っ掛かり」を出発点とし、それに徹底的にこだわっている様子がよく分かると思う。数年を費やしての取材も珍しくない。まさに執念である。

同時に「権力監視」や「知る権利」という語句の裏側には、実にスリリングで、かつ地道な、レンガを一個ずつ積み上げていくような作業が横たわっていることも理解していただけると思う。

「二度と読者を騙してはいけない」の前提は「二度と記者が権力に騙されてはいけない」である。何が隠されているか、何を伝え切れてないか。八人はその問いを自分に投げかけつつ、それぞれの分野でレンガを積み続けた。

その意味からすれば、本書は単なる取材のノウハウ本ではなく、民主主義社会の実現に向けた地道な作業の記録でもある。だからこそ、現役の記者や研究者、ジャーナリスト志望者たちだけでなく、広く一般の方にもページをめくってほしいと願っている。

二〇一六年秋

高田昌幸
大西祐資
松島佳子

［目次］

1 防衛の壁を崩す

秦融氏・木村靖氏（中日新聞）に聞く
石井暁氏（共同通信）に聞く

秦融氏・木村靖氏（中日新聞）に聞く

日々飛び立つ自衛隊機「いったい何を運んでいるのか」その自問を執念で追いかけた

秦融（はた・とおる）

一九六一年、愛知県生まれ。筑波大学卒。一九八四年、中日新聞社に入社し、運動部、社会部、カイロ特派員、社会部次長、運動部長などを経て、編集委員。市場原理の歪みを突いた長期連載「結いの心」、介護連載「流老の果て」などの取材、デスクも担当した。

木村靖（きむら・やすし）

一九七〇年、神奈川県生まれ。慶応義塾大学卒。一九九六年、中日新聞社に入社。豊田支局、金沢市の北陸本社報道部、小牧通信局、社会部などを歴任。インタビュー時は一宮総局次長。小牧通信局時代、イラク復興支援の名目で航空自衛隊が米兵を空輸していたことをつかみ、二〇〇七年七月、「米兵中心に一万人空輸　実態隠す政府」というスクープを手掛けた。

イラク戦争時の自衛隊派遣は、日本の外交・防衛の分水嶺だった。自衛隊派遣をめぐっては当時、日本各地で自衛隊の派遣差し止め訴訟が起きている。その中で、「航空自衛隊のイラク派遣は憲法九条に違反する」という判決を名古屋高裁が出したのは、二〇〇八年四月一七日だった。

イラク戦争「後」の「復興支援」のため、空自が支援物資をイラクの首都バグダッドに運ぶ。空輸先は「非戦闘地域」であり、この活動は戦闘行為ではなく、人道復興支援である——。そうした政府の説明に対し、名古屋高裁は「イラク国内での戦闘は、実質的には〇三年三月当初のイラク攻撃の延長で、多国籍軍対武装勢力の国際的な戦闘」と指摘した上で、武装兵の空輸は憲法違反だ、と判断したのである。

判決は当時、大きな反響を呼んだ。

名古屋高裁判決を報じた当時の朝日新聞(電子版)は、こう記している。

……特にバグダッドについて「まさに国際的な武力紛争の一環として行われている人を殺傷し物を破壊する行為が現に行われている地域」として、イラク復興支援特別措置法の「戦闘地域」に該当すると認定した。

そのうえで、「現代戦において輸送等の補給活動も戦闘行為の重要な要素だ」と述べ、空自の活動のうち「少なくとも多国籍軍の武装兵員を戦闘地域であるバグダッドに空輸するものは、他国による武力行使と一体化した行動で、自らも武力の行使を行ったとの評価を受けざるを得ない」と判断。「武力行使を禁じたイラク特措法に違反し、憲法9条に違反する活動を含んでいる」とした。……

判決はまた、「平和的生存権」についても言及し、こう述べている。

「9条に違反するような国の行為、すなわち戦争の遂行などによって個人の生命、自由が侵害される場合や、戦争への加担・協力を強制される場合には、その違憲行為の差し止め請求や損害賠償請求などの方法により裁判所に救済を求めることができる場合がある」

この画期的な判決をもたらした提訴は、なぜ、可能だったのか。そもそも原告の住民らは、どうやって「空自が運んでいるのは支援物資ではなく、多国籍軍(=米軍)の武装兵や弾薬などである」との根拠を得たのか。

端緒は、中日新聞の調査報道記事だった。

二〇〇七年七月二三日朝刊の一面。

間近に迫っていた参院選の関連企画として、同紙はこの日から「安保の現場~イラクと北朝鮮」と題する三回連載の掲載を始める。その初回が「米兵中心　一万人空輸　逸脱…説明拒む政府」という見出しのスクープだった。

以下、記事の全文を掲載する。

航空自衛隊の輸送機が昨年七月三十一日、イラクのバグダッド空港に乗り入れて間もなく一年。輸送した多国籍軍兵士はほとんどが米兵で、六月までに一万人を突破していたことが、分かった。国連関係者の約十倍に上り「人道復興支援が中心」とする政府の説明と食い違う。派遣隊員らは「現実は米軍支援。それが日本防衛につながると信じ、命を懸けている。なぜ隠すのか」と説明責任を果たさない政府に不信感を抱く。イラクも拉致も「年金」にかすんだ参院選。国民に知らされず、問われもしないまま、遠くイラクの地で「日米一体化」が独り歩きを始めている。

「米兵を運んでいることは、国民に説明できないほど、やましいことなのか」

派遣隊員の一人が悔しそうにつぶやいた。

小牧基地（愛知県）から派遣されているC130輸送機は、クウェートを拠点にバグダッドなどイラクに週四、五回運航。国連用は北部アルビルまで飛ぶ週一便で、その便にも経由地のバグダッドで米兵が乗降する。貨物室が米兵で〝満席〟の六十人に上る時も。「米兵のタクシー」（隊員）になっているのが実態だ。

イラク特措法に基づく基本計画は「人道復興支援が中心」と明記しており、米軍の後方支援が主任務となっている現状は基本計画を逸脱している可能性が高い。それでも政府は「関係国が望んでいない」「隊員に危険が及ぶ」と兵員輸送の実数公表を拒み続けている。

四月下旬。安倍晋三首相は国会で「多国籍軍は、インフラ整備など復興支援の活動にも取り組んでいる」と答弁し「人道復興支援」を強調した。空自関係者は「（輸送する）米兵がイラクで何をしているかは正直、分からない。（任務は）聞かないのが現場の常識であり、暗黙のルールだ」と言い切る。

七月に入り、開戦以来の米兵の死者数は三千六百人を突破。死が日常化している戦場で「戦闘地域か非戦闘地域か」「戦闘員か非戦闘員か」の問いかけ自体が、現実を無視した「ナンセンスな議論だ」という。政府見解で「非戦闘地域」となっているバグダッド空港も、実態は戦場に近い。

隊員の耳にも日々、確認情報が届く。「離陸前の待機中、機体のすぐ上を複数の迫撃砲弾が飛んだ」「飛行してきたばかりのルートを着陸直後、ミサイルが通過した」。いずれも数分の差で被弾していた可能性が高い。

中堅の隊員は「飛ぶ日には必ず自室に遺書を置いていく隊員もいる」と明かす。「日の丸を背負っている以上、心の支えは国民の理解と支持しかない。だからこそ、ありのままを知ってほしい」

政府の説明回避が、隊員たちの「覚悟」に暗い影を落としている。

◇

国民の理解得て貢献したいはず

空自OBで拓殖大海外事情研究所長の森本敏教授の話　政府が他国との関係上、空輸の中身を明らかにはできないのは理解できる。空自の任務が国際社会で評価が高いのも事実だ。その上で言うが、政府は説明不足だ。「日米協力」はいいが、何をどこまで達成したら手を引くのか「出口戦略」がはっきりしておらず、国民には説得力がない。

隊員は「国民の負託があって、やれというならやります」という気持ちだろう。政府にきちんと説明してもらい、国民の理解の上で仕事をしたいはずだ。隊員だけに犠牲を強いる国際貢献であってはならない。

（メモ）

イラク特措法　イラクに自衛隊を派遣する根拠法。２００３年７月、時限立法（四年間）として成立。「非戦闘地域」での人道復興支援活動と、治安維持にあたる米軍などへの後方支援を行う「安全確保支援活動」がある。２年間延長を決めたさきの国会で、安倍首相は空輸１５０回（昨年７月末—３月末）の内訳を多国籍軍１２５回、国連25回と初めて公表。輸送人数は国連分（７０６人）のみ明らかにした。

空自は「国連関係者」を運んでおり、「人道的復興支援」に限っている——。そういった日本政府の説明に対し、ファクトをもって疑義を唱えた記事だった。

この調査報道スクープはどうやって生まれたのか。

取材の中心になったのは、空自・小牧基地を管轄する小牧通信局の木村靖記者（前・一宮総局次長）。たった一人しかいない、典型的な「地方勤務記者」である。イラク取材の経験を持っていた秦融記者（社会部デスク、現編集委員）がそれを支える形で取材は進んだ。

二年以上に及んだ取材の裏側とノウハウをまずは秦記者に尋ねた。

空自イラク派遣　取材過程

2003年	7月26日	イラク復興支援特別措置法(特措法)成立
	8月19日	バグダッドの国連事務所爆弾テロ。以降、国連要員撤退
	11月29日	日本人外交官2人銃撃殺害　イラク北部で
	12月9日	自衛隊イラク派遣を閣議決定
2004年	1月19日	陸自先遣隊サマワ到着
	3月3日	空自、イラクへ初空輸(サマワ近郊のタリル基地に、人道支援物資としてサマワの病院向けの医療機器を)
	6月11日	小泉首相、多国籍軍参加表明。「憲法上できない」から一転
	8月	**木村さん　小牧通信局に着任**
2005年	4月	**秦さん　中東特派員から帰国**
2006年	7月	陸自撤収。残った空自の任務変容 ①多国籍軍の武装米兵中心に　②「危険」と見送っていたバグダッド、アルビルへ
	8月	空自、初のバグダッド入り
	秋頃	**秦さん「C130は何を運んでいるのか」と疑問。木村さん既に取材着手**
2007年	1月	**木村さん　社会部警察担当に。その後、防衛省記者クラブに登録、取材活動が多いときは週3回東京へ**
	1月9日	防衛庁から防衛省に
	6月	この年の7月で期限切れとなる特措法の改正法が参院本会議で可決、成立。空自派遣2年間延長へ
	7月12日	参院選公示
	7月23日	**中日新聞「米兵中心に1万人空輸」と報道**
	7月29日	参院選投開票＝自民惨敗、与野党逆転
2008年	4月17日	名古屋高裁「空自イラク派遣は違憲」「戦闘地域に武装兵輸送」
	12月	空自がイラクから撤退開始　5年の空輸活動終結
2009年	10月	防衛省、「空輸2万6千人の7割米軍中心とする兵士」と情報公開。市民の情報公開請求に対し

※秦さん、木村さんへのインタビュー、各種報道に基づく

「何か変だな」の疑問から始まった

●——まず秦さんからお聞きしたいと思います。この記事が出たのは二〇〇七年七月ですね。当時、秦さんは中日新聞の社会部デスクとしてこの報道に関わっていました。

秦——僕は、二〇〇二年から二〇〇五年までカイロ支局勤務でした。ちょうどイラク戦争のタイミングだったんです。陸上自衛隊が派遣されたサマワにも取材で行くなどイラク戦争と自衛隊派遣の取材もしていて、イラクの状況は大体分かったんですね。その後、二〇〇五年四月に名古屋の本社に社会部デスクとして戻りました。

そのころです。空自(航空自衛隊)がイラクで活動している、と。人道支援の物資を運んだりしている、と。陸上自衛隊がサマワから撤収した後、それと前後して始まって、その後、復興支援を本格的に行っていくようになったんです。

そうしたことに最初、大きな違和感はなかったんです。イラクは復興途上ですしね。ただ、ある時、二〇〇六年の秋口ぐらいだったと思うんですけど、「何かやっぱりおかしいよな」と。本数が異常に多い感じがする。何を見ておかしいと思ったのか…。とにかく、こんなに本数が多い人道支援活動って何なんだろうな、って。素朴に思ったんです。その時、急に。

●——イラク復興支援の空自機は、愛知県小牧市の空自小牧基地[1]から飛び立っているわけですね?

本数が多いというのは、飛行機が飛び立つ回数が多い、と。きっかけは?

秦――漠然と、です。ちょっとはっきり覚えてない。

　イラクの状況は、二〇〇三年の三月二〇日に米英軍の攻撃[2]が始まり、五月一日にブッシュ米大統領の「大規模戦闘終結宣言」があって、そこから国内は悪化して、内戦になったんですよね。八月には国連のバグダッド事務所が自爆テロに遭って国連の特別代表が死亡し、国連はイラクから撤退。一一月には日本の外交官二人が銃撃[3]で死亡しました。

　状況はひどくなり、海外メディアも日本メディアもだんだんイラクに入れなっていく。そんな最中の二〇〇四年一月、自衛隊の派遣が始まりました。社会部に戻った二〇〇五年四月以降も状況はひどく、人道支援という活動自体がほとんど機能しなくなっていたのに、自衛隊は、いったい誰のために何を運ぶのか、って。本当に素朴な疑問を感じたんです。

●――なるほど。

秦――それで、僕が漠然と「変だな」と思っているとき、実は、小牧の記者だった木村靖も「空自は小牧基地から何を運んでいるのか」「現地はどんな状況で何が起きているのか」を知りたいということで、独自にイラク派遣の空自隊員から取材しよう、と。既に取材を始めていて、悪戦苦闘していたわけです。
　僕が木村に電話して、「あれ、いったい何を運んどるんだ?」と。そしたら木村は「それ、僕もおかしいと思ってるんですよ」って。そんな話から「これはちょっと調べなあかんぜ」となった。

僕がカイロ支局から帰ってきて一年くらい経っていましたけれども、陸上自衛隊が撤収し、復興支援が空白の活動に収斂《しゅうれん》されていく流れの中でのことです。「イラクで今、人道支援って、いったい何ができるの？」「そもそも人道支援って何だ？」というのは、現地を取材していた感覚から出る当然の疑問だったと思うんですよね。それが偶然、社会部の担当エリア内に小牧基地があり、そこから部隊が出動していた。そして、そこに、木村という記者が居た。

●――秦さんも木村さんも自衛隊の取材経験が豊富だったのでしょうか？

秦――実は、僕も木村も自衛隊を取材したことがなかったんです。

木村は二〇〇四年八月に小牧通信局に着任しました。まず、空白の活動がどうこうと考える以前に、彼は、もともと自衛隊の情報を得るために何らかのソース（情報源）を開拓しようと思って、門で待ったり、夜回りしたり。で、いろんな形で隊員らに当たり続けていたんですね。自衛隊に関する何かがあると、常に自衛隊員のコメントとかを取らなきゃいけない。その時に基地の門で待つことなどはあるんだけど、やっぱり本当のことを知るためには、何とか、ずぶずぶのソースが欲しい、と。そこをどう開拓するか。やれる記者もいますが、ほとんどの記者はできませんよ。そりゃ、過去にも優秀な記者はいっぱいいたでしょうけど、そこまで何かの情報を取ろうとする記者で、かつ、実際に取る記者はそうそういない。

事実を知る人物をどうやって探したか

●――**木村記者は実際にどんな動きを？**

秦――イラク復興支援に関わった隊員を探すこと自体が極めて難しい。というのは、一〇人に一人ぐらいの割合だ、っちゅうんです。だから、一〇人に聞いて一人が派遣者だったとしても、今度は派遣されてる一〇人のうち、答えてくれる人が一人いるかいないか、です。現実には、ほとんど相手にしてくれない。一〇〇人聞いたって、一人も答えてくれる人がいないみたいな状況です。その中で木村は、延々と続けていたわけです。

●――**聞いた相手は何人ぐらいいるんですか。**

秦――後であいつに確認させますけど、多分、数十人規模だと思います。でも、ほとんど成果がない。そもそもイラク派遣に関係のない隊員ばっかりだった。ただ、中日新聞だから普段、地元の取材をいろいろするじゃないですか？　その中で、地元の何か団体、さまざまな団体、市の関連団体だとか、何かの外郭団体だとか。そういった所から…。

●――**各地に「自衛隊協力会」がありますす。例えば、そんな協力会とか？**

秦――そうそう、協力会とか。でも、自衛隊の協力会じゃなくて…。

●――**ちょっと違うんですか？**

秦――違うというか…。言いにくい。

普通の、例えば体協（体育協会）みたいな、何か自衛隊員が所属してそうな所も含めて、当たりを付け、自宅を割り出して、そこを訪ねて、みたいな。そういったことも含め、木村はありとあらゆる手段で取材をやっていたけど、その頃は非常に悪戦苦闘していて。そして、ちょうど僕が電話したときには、最低一人はもう見つかっていた。

●——見つかっていた？

秦——見つかっていたんですよ、既に。僕が電話して「空自は何を運んでいるんだろうか？」と話した時、彼は彼で先行し、情報源を見つけていたわけです。

●——秦さんの問題意識とは別に、木村記者は独自に動いた、と。

秦——そうそうそう。それはもう、自衛隊の基地がある地域の記者として。警察署があれば警察署の取材をするような。

●——どうやって見つけたんでしょう？

秦——「知人のつてです」っていう感じの程度なら言ってもいいのかな。実際のところは、木村に聞いてもらえばいいけれども、私からは「地域の活動の流れの中で」というところまでで。偶然見つかったみたいなところがあったんですね。本当に悪戦苦闘しているプロセスの中で。

●——最終的には情報源の方は、一人じゃなくて複数にはなると思いますが、最初の人をAさんとしましょう。そのAさんとは、どうやって？

秦——僕が電話した時、木村は「何とか話を聞けるAさんという人がいます」と。「その人は今イラクに派遣されている」と。小牧基地から空自の隊員がいったんイラクに派遣されると、数カ月間戻りません。そのサイクルで回っている。空自の「C130」輸送機を何機か運航する。その機には、操縦する人もいれば、メンテナンスする人もいます。いろんな役割がある。そういう一人であるAさんをつかまえた。

●——**つまり、木村記者に電話した時点では、Aさんは実際にイラクに行っており、戻ってきたところを取材した、と？**

秦——そうそう。

●——**木村記者はAさんと面識がなかったんですね？**

秦——面識はなかった。

●——**でも、Aさんをつかまえていた、と。**

秦——Aさんが帰ってきたという情報があり、木村は直接挨拶に行ったわけです。そこで率直に中日（新聞）の記者と名乗って、「大変な任務ごくろうさまです」と。「イラクの自衛隊で何が起きているか分からないので、お時間をいただき、任務の詳細をお聞かせ願えませんか」と。ストレートに取材の申し入れをしたそうです。

●——**どこで会ったんですか。**

秦——…どこかで会いました。この回答は非常に難しい。回答はやめたほうがいい。取材源の秘匿に関わる話なので。自衛隊は警察組織（警務隊）がある組織なので、やはり非常に敏感になりますから。彼らは捜査機関を持っています。極端な話、（情報漏洩の疑いが持たれると、Aさんに類が及ぶだけでなく）新聞社に対しても、警務隊は家宅捜索だってできちゃうわけなんでね。

だから、この問題を報道する時も、それが（社内で）大きな問題になりました。「彼らが本気で攻めてきたらやられるよ」というのがどうしてもある。

●——**実際、読売新聞をめぐる「事件」もありました。同紙は二〇〇五年五月三一日付朝刊で、中国海軍の潜水艦が南シナ海で事故を起こしたと報じた後、警務隊（当時）はその情報を読売新聞に提供した一等空佐を特定し、自衛隊法違反（防衛秘密漏洩）容疑で東京地検に送検したことがあります。防衛秘密漏洩での送検は初めてでした。検察の処分が出る前に一等空佐は懲戒免職され、当人は不起訴（起訴猶予）でしたが、当時は読売新聞だけでなく多くのメディアが強く反発しました。内部告発を萎縮させ、同様の報道を防ぐ意味もあるからです。**

秦——ああ、ありましたね。中日新聞も過去には自衛隊の秘密を明るみに出すような報道をやってきました。それでも自衛隊取材は難しい。

木村は「意外だった」と言っているんですけど、初めて会った時、Aさんは「話をしてもいいですよ」と。そこで、日を改めて会うことになりました。実は僕、最初に木村記者と話した際、「輸送機は何を運んでいるんだろうか。いろんなやばいものがある。もし、武器を運んでいたらだめだよね」と確認し合っていました。それと「アメリカ兵を運んでいたらダメだ」と。復興支援、人道支援という日本政府の枠組みから言うと、運んでいいのは、人道支援物資と外交官、国連や赤十字など国際機関の職員くらいだろう、と。

しかし、国連職員や外国人が殺され、自爆テロが次々起きる。現に国連職員もイラクに入るのを止めているわけです。それなのに空自の輸送機は何本も何本も飛んでいる。そんな状況で、いったい、何を運ぶのか。そこに疑問があったわけです。アメリカ兵は人道復興支援もやっているけど、戦闘もやっているわけです。

そうすると、問題点は、米兵のボリュームと武装しているかどうか。焦点は、そこになるんじゃないかな、と。要するに、米軍の戦闘行為に関わるような行為に自衛隊が巻き込まれていないかどうか、という話なのです。

そうした中で木村記者が会ったAさんは最初、「C130の中は米兵だらけです」と言った。ほぼ毎便、米兵を詰め込んでいるという話だった。木村記者は「人道支援物資じゃないんですか？」って、驚いて聞き返したそうですが、Aさんは「そんなもんあるわけないでしょ」って。最初の取材時、首相は安倍(晋三)さん＝第一次安倍内閣＝だったので、Aさんは「『人道支援』って言ってますよね？　僕らがやってるのは、戦争のお手伝いですよ」と言った。

●――はい。

秦――木村記者は「イラクの現状は危ないですか」という質問もするわけです。

自衛隊を派遣する区域は「非戦闘地域」というのが、当時の日本政府、イラク特措法の枠組みですから、具体的に危険な状況が現地にあるかどうかが重要になる。

Aさんは「そんなの(危機的な状況)いつもだよ。バグダッドを離陸するときも、着陸するときも、上空を飛んでいるときも、コックピットの中ではランプはしょっちゅうついて、警告音が鳴っているよ」と。

●――**コックピット内のランプ？　対空砲火か何かを感知するための？**

秦――そうそうそう。(ミサイルなどの接近を)感知するランプがついて、擬装の「フレア」(赤外線誘導ミサイルなどを回避するため目標を誤認させる装備)をまき散らす。ランプがついて、警告音が鳴ってフレアをまき散らす、と。攻撃をかわしている状況が、離着陸の時とバグダッド上空に入った時に頻繁にある、と。だから、基本的に(空自の輸送機は)毎回狙われている状況があったって、そういうことなんですよね。その上で、Aさんは「米兵だらけだよ」と。「俺らはアメリカの足だよ」という言い方もしていました。

最初は一時間ぐらい聞いたそうですが、それ以上踏み込んで警戒されてもいけないということで、世間話に戻して。で、「また貴重な話を聞かせてもらえませんか」「いいよいいよ」とやって、いったん別れるとか。

木村も非常に優秀なスクープ記者ですから、連絡方法も非常に気を使っていました。携帯電話は絶対に使わない。有線電話を使う。電話で連絡を取り合う時、木村記者ほぼ毎回、公衆電話だったと思います。

そうして木村記者は「結構な規模(の米兵)がイラクに行っているみたいです。一〇〇人や何百人じゃなくて、多分、数千人規模じゃないですかね」と。

Aさんへの取材を重ね、「武装米兵を運んでいる」っていう話は、はっきりしてきたんです。武装米兵を数千人規模ですよ。「これはえらいことだ」っていう認識になりました。

Aさんは非常に重要な証言者でもあるし、コックピットの中の状況はよく分かる。木村記者にはもう一人、別のソースがあって、イラクでの空自の状況はさらに分かってきた。すると問題は、要は「輸送した米兵の人数をどこまで具体的につかむか」に絞られた。どうやったら、人数を出せるか。ファクト、この場合は人数ですね。これを割り出すのに、すごく苦労するんです。だから、ここから先で半年以上かかる。

最終的には、その目的のために防衛省の記者クラブに入らなきゃ駄目だとなって。現場の様子は小牧で分かっても、全体をつかむには防衛省の取材が絶対に欠かせない。だから、木村記者を一時期、防衛省のクラブに入れたんです。

●――そうなんですか。中日新聞社は東京本社で「東京新聞」を出しています。木村記者は東京新聞に移籍を?

秦――いやいや、木村はもう社会部に来ていて、それ自体は、意外と簡単にできた。防衛省の記者クラブに入らないことには、オフィシャルに出ている情報も含め、現実には直接取材がなかなかできません。

僕も若い時に少しだけ経験があったんですが、防衛省って記者クラブに入らないと、絶対にまともに取材に応じてくれない。だから、この話が始まった時点で、木村記者をそうする必要は絶対あるな、と早い段階で認識していたと思います。

記者クラブに入っても、防衛省の中の取材は難しい。「こんにちは」って言って対応している所じゃないので。ほかの省庁ともまた違うんです。相手もよく見極めてから物を言う。まず、「敵か味方か」を見極めてきますから。記者クラブに入って、きちっと相手の信用をどう得るか、というところが出発点。優秀な記者であれば、きちっとその内側に入って行きますが、まずは、記者クラブに入らないと話にならない。

木村記者は防衛省クラブに加盟し、東京にたびたび通っていました。最終的には、その本省で、「輸送した武装米兵は一万人」という数を割り出すところまで取材してしまうわけなんですけども。

●——一万人という数字、積算は結局、どういう道筋で確定したんですか。

秦——これは、なかなか…。どういうふうに…。防衛省制服組のある幹部。この辺までしか言えない。つまり、当然、一定程度の人たちは(全貌を)細かく知っているわけです。で、木村記者は現場もちゃんと取材している。自衛隊に関する理解力もある。熱心なんです。

●——はい。

秦——彼は、相手に信用してもらったんですね。公表データに基づいて手元で計算した数字だけではなく、最終的に、間違いのないところから間違いのない数字として、きちっと取ってきました。一万人という数字を。

この記事は、単なる特ダネという捉え方もあるし、最終的には名古屋高裁で違憲判決が出る重大な話であるけれども、同時に、最初から木村記者はこう言っていたんです。

Aさんは「いや、むしろ、これ、知ってほしい」と言っている、と。そこが大きなポイントです。派遣される個々の自衛隊員にすれば、全てが国民に隠された状況の中であり、そこで命を張っている。その中で、もし何かあったときに、自分たちはどういう形で殉職するんだろう、と。そういうことを彼らは常に考えているんですね。

「人道支援をやっています」と言っても、実際に何をやっているか、国民は分かってない。何かあった時に、全てが明らかになった時に「自衛隊が暴走していた」みたいな話にもなりかねない。自衛隊の人たちは、常に死ぬ覚悟を持っているんですよ。心の病気になる人もたくさん出ましたから。

そういう状況なのに、自分たちの活動が、国民に支持をされていない、あるいは支持されているかどうかさえ分からない状況に置かれることへの居心地の悪さ、不安、懸念、不満。そういったものが間違いなく彼らにはあっただろうし、木村記者の誠実な取材に対して、最後きちっと数字を答えた人にとっても、やはり制服組の思いみたいなものがあったと思うんです。

実際は戦闘があって、ものすごく危険な地域なのに、政治の都合で「非戦闘地域だ」「非戦闘地域だから安全」と言われてしまう。だから、この取材は「憲法違反だ、けしからん」とか、そういうことではなかった。自衛隊員は命を懸けた仕事をしているのだから、政治に翻弄(ほんろう)され、命を危険な状況にさらすことについては、彼らは納得できないものがあったと思う。そこをきちっとしてほしいという思いがあったと思う。

●——話が少し戻りますが、東京の防衛省で一万人という確かな数字をつかんで、それで記事として出せるという判断になったわけですか。

秦——社内では、なかなか簡単に通りませんでした。映画「スポットライト　世紀のスクープ」(教会のスキャンダルを調査報道で暴いた米紙の実話に基づく米映画)の話じゃないけども、「もっと事実を詰められないのか」という話になります。そこで、当然、木村記者一人じゃなく、(防衛問題の)エキスパートの記者もうちにいますから。

一万人という数字を取ってから記事になるまで、一カ月はあったと思います。石橋をたたいては壊す直前ぐらいの、確実な出稿のプロセスを踏めば、普通、一カ月ぐらいはかかるでしょう。

「武装米兵、輸送一万人」。これしかないですもん。「武装米兵一万人を空自が移送、イラク、バクダッドへ」が欠かしてはならないファクト。最終的には、ストレートニュースという形じゃなくて、二〇〇七年七月の参院選[4]に関する企画「安保の現場　イラクと北朝鮮」して一面トップに出しました。三回続きの「上」です。いろいろな協議を経てそうなりましたが、社内で「載せるな」という声はありません。

ただ、同じ新聞業界の中では「何でこれ、ストレートニュースじゃなかったの？」と言われるかもしれません。「自信がないのか」とも、言われかねない。でも、読者からすれば関係ないですよ。

●──記事が出たあと、自衛隊、防衛省から何かリアクションはあったんですか。

秦──全然なかったです。何かあったらすぐに対応しよう、という態勢は取っていましたけれど、何もなくて。

●──記事が載ったのは、参院選投票の六日前ですね？

秦──そうそうそう。普段からわれわれにとっては「政権は恐れるに足らず」なんだけども、この記事は（政権への論評ではなく）ファクトなんです。あの時の気持ちとしては、とにかく参院選の前に出すことが、優先事項だった。政権はこういうことをやっているよ、と。これは選挙の前の絶対判断材料として必要な記事だよ、と。

●――なるほど

秦――選挙の後に載せることの方が、読者への裏切りになるぐらいの感じでした。

一面に出して、そのトップをきちっと取る、必要なデータを全てトップワンで示す。必要なことを小さな見出しにしてごまかすみたいな形じゃなくて、必要なポイントを全てトップワンで取る。そこしかない。

たった一人の通信局で

●――ここから先は木村記者に聞きます。木村さんは当時、小牧通信局にいて、イラク復興支援の空自の活動を取材することになりました。なぜその取材を手掛けることになったんでしょうか？経緯から教えてください。

木村――ぶっちゃけ、自衛隊の取材というと、やっぱり朝日新聞さんが強いんです。地元でも朝日が熱心だった。うちの新聞も何とかせないかんという部分があって。それが第一です。愛知県の小牧市に居て、世界とつながっている部分(空自小牧基地)が自分の管内にあるということで、重点的に取材をしようと思いました。

小牧通信局に来たのは二〇〇四年八月です。その前は石川県金沢市の(中日新聞社)北陸本社の報道部にいました。石川県には空自小松基地がありますが、その取材はしていません。小松基地は小松支局の担当なんです。金沢市には陸上自衛隊の駐屯地があり、(行事の取材で)行ったぐらいです。空自との縁は全くなかった。小牧に来て初めて、自衛隊をまともに取材したということになります。小牧に来たときは、三三、三四歳でした。

小牧通信局は記者一人です。小牧の市役所と警察署、それから小牧基地が滑走路を供用する名古屋空港。自治体としては、小牧市と(名古屋市近郊の)豊山町をカバーします。

●――典型的な支局、通信局ですね。日常の業務だけでも大変だと思いますが、そこで「世界」につながる題材を取材しようと? その小牧基地の空自の輸送機は、イラク復興支援を名目に「いったい何を運んでいるんだろう」という疑問に進んでいくわけですか?

木村――いや、最初からそうではなくて。自衛隊取材は初めてですから。警察には警察の世界があり、役所には役所の世界があり、自衛隊には自衛隊の世界がある。そこをまず知って、せっかく小牧に来たからには、ずっぽりと自衛隊に浸かってみよう、と。そう思っていろいろとやってみた中で、この問題が出てきたというところが率直なところです。

自衛隊基地の取材はすごく難しい。例えば、基地側が「取材してほしい」と頼んでくる取材でも、相手はほとんど答えない。広報が一応、(取材に対応する自衛官を)用意するんですよ。例えば、部隊がイラクに派遣される前だと、その隊長みたいな人が居るわけです。その人間に抱負だけは聞かせるんですけど、ほかは、いろんな質問をしても「全くそれは言えません」と。そんな表向きの取材ばかりだったから、何とか「裏口」を作らないと話にならん、って。

それで、何十人、それこそ数えてないんですけど、ありとあらゆる所でアプローチしていった。その中で、たまたま何人かにヒットし、その中にAさんもいた。彼らが語ってくれたから「何だ、こりゃ」と。

●隊員に当たっていく、つまり「裏口」取材はどうやって?

木村――隊員は官舎に居るので、官舎も当然行きました。でも、ほとんど、梨のつぶて。(前任記者などからの)代々引き継がれた住所録もない。官舎でピンポン押してくけど、当然、隣の人も居るわけで、話してくれるわけもない。基地から隊員の後を付けたこともある。官舎のある、小学校とか中学校とか、そういうとこの子どもさんを探す、そこから親御さんも探す、という作戦もしました。学校関係者に頼んだこともあります。でも、当時も個人情報なんて、なかなか言ってくれません。

そんな中で、協力者を探さないかん、ということでずっとやって、いろいろと引っ掛かってきた。実は、イラクに行っている空自の機体に、新たな防御装置を付けるっていうのを知って。

●さっきのフレアのことですか。

木村――そうそう。そんなものを付け、改良させないかんほど危険な所に、これからもっと行く可能性があるのか、って。(陸自がサマワから撤退した後)空自は何のためにイラクに居るのか、って。そういうことも含めて問題が収斂《しゅうれん》されていきました。

その頃には、ある方を通じるとAさんに会える、という感触を持っていました。空自のクルーは一回のイラク行きで四カ月。最初は三カ月でした。感触を持ったとき、Aさんはちょうどイラクに何度目か行っていて。戻ってきて会いました。（最初は）喫茶店です。警察関係者などもそうですが、オープンスペースの方が（取材源は）ばれない。ノートも取りません。テープももちろんない。（話を記憶し、取材先と）別れて近くのコンビニなり、自分の車なりでばーっと（ノートに）書く。それだけです。

で、Aさんと会ったら全て言ってくれるんですよ。「ここまで聞いちゃっていいのかな」っていうぐらい。ちょっと怖くなった部分もあって、取りあえず一時間ぐらい話を聞いて。その場は「今度また聞かせてください」っていう形で引いて。また一週間後だったか、一〇日後だったか、もう一度会いました。こちらの意図もそこでちゃんと伝えて、「そういうことなら、僕が知っていることならしゃべりますよ」と。

最初の取材でAさんが言ったのは「アメリカ映画みたいな世界に降り立ってるし、それこそ、ほんとにいつ亡くなってもおかしくない」と。それがすごく印象的でした。

●――Aさんの取材では、質問を立て続けに？

木村――最初はもちろん警戒されないようにやっています。任務がどんな状態だったのか、ちょっと勉強のために教えてください、くらいの感じで。ただ、こっちも記者として会っているので、最初から目的を向こうも分かっている。そのあと、何かある都度、会うようになったんですね。当時はまだ固定電話があったんで、自宅の固定電話を教えてもらって、取りあえずそこに電話して。携帯もありましたけど、その時の直前かな、固定電話にしたのは。読売新聞がスクープした「潜水艦事件」もあったので、連絡はより慎重にした方がいい、と。携帯だと着信履歴が残る。自衛隊は警務隊もある。潜水艦事件の時は、それこそ、誰がしゃべったかを防衛省が全部割り出しましたから。

そうやって会っていた時、私はAさんに言いました。「あなたは、いつ命を落としてもおかしくないようなことをやっている。もし、(イラクで)亡くなった場合、悲しむのは家族だけ、逆に政治家は笑っているだけっていうことだってあり得るんです。だから、ある程度の段階で記事を書けるとなったときは(現地の様子を)書きたいので協力してほしい」と。Aさん自身は、自分たちの活動の様子が日本国内でほとんど知られていないことに衝撃を受けているわけです。

何度もAさんとは会いましたが、一方では「ほんとにそうなのかな」っていう半信半疑も当然あるわけです。別に彼を疑うわけじゃない。しかし、もう一本裏がないとちょっと(記事化するには)怖いな、って。

●それはそうですよね。

木村——彼が言ってることは、ほんとにずれてないのか、というチェック。

●——チェックと言うと、日を変えて同じことを繰り返して聞いてみるみたいなイメージなんですか。

木村——と言いますか、彼らの飛行実態をルポ風に書けないかな、と思っていた。空自の航空機から何が見えるのか？　何を見ていたのか？　実は、取材で会ったある自衛官は、飛んでいるときの写メまで見せてくれた。(米兵は)映ってないです。コックピット。自分がイラクに行けない、同行できない以上、彼らがどんな感じで飛んでいるのかをルポ風に書けるなら、それが一番、

（読者に）伝わる。

　記事では、若干、意図的にぼやかして書いた部分もあります。情報源を守るためです。これを書いたら情報源が分かる、という箇所がある。それぐらい、慎重にやっていた。ネタ元が分かっちゃったら、すべて終わりなので。

　はっきり言って、コックピットに居る人間じゃないと分からない描写があの記事には出てくる。で、コックピットに乗れる人間は限られています。

●——C130輸送機のコックピットは何人ですか。

木村——五。

●——五人ですか。

木村——パイロットと副（パイロット）と、航法士っていうナビゲーターとフライトエンジニア。整備士はコックピットではなく後ろの貨物室です。

●——Aさんはそこに？

木村——……。

●——質問を変えますね。記事が出た後、隊内で犯人捜しが行われた形跡は？

木村——それは聞いたことがない。ただ、Aさんの話だけで記事を書いたわけではありません。Aさんはきっかけ。取材の過程では、防衛省の記者クラブにも敢えて入って、防衛省なり、空幕（航空幕僚監部）なりのいろんな人に話を聞いています。Aさん以外の小牧基地関係者からも聞いている。仮にその一人をBさんとしましょう。で、イラクでの任務から戻ったBさんに聞くと、Aさんの話と合っている。だから、イラクの現場の様子はほぼ間違いない、と。Bさんの取材もできて、じゃあ、東京で当局から話を取らないとなったわけです。そこを取材しないと、当然書けないので。

●――記事が載ったのは、小牧通信局から社会部に異動した後ですね。名古屋で警察署を担当しながら、東京の防衛省の取材を?

木村――もちろんそうですよ。多いときは週三回とか、東京へ。名古屋・東京は近いので。(防衛大臣や幹部らの)記者会見も出て。例えば、何曜日は空幕長の会見、何曜日は統幕長の会見。しかし、そういう所ではこの件に関する質問はしない。出席して、(自分の存在を)認知させ、そのあと部屋に電話して取材に行って。当時は、空自が運んだ米兵の数を把握しようとしていました。数量的な部分です。数字を見出しに取れるかどうか。

実は空幕のホームページにイラクでの復興支援活動コーナーみたいなのがあって、何月から何日まで何回行ったとか、そういう実績が載っていたんです。それが更新される度、チェックして、自分なりにエクセル(Excel)の表にしたりして。オープン情報で飛行の本数は分かります。そこに何人乗っているか。それこそ、Aさん、Bさんから「多いときで何人まで乗れる、少ないときは何人、当然、行き帰り違う」とか話を聞いているわけです。そこをヒントに自分なりの式を作って数を推測して。

C130は貨物室だけで六〇人ぐらい乗れる。行きは兵隊が乗って、帰りは空ということもあり得る。その逆だってあり得る。だからマックスだとこの数字という出し方をしていた。でも、計算上のマックスで書くわけにはいかない。（自分で計算した輸送人員数を）裏付けるための取材を東京でやっていたわけです。

●――どういう方法で確認作業をされたんですか。大事な情報ですから、オープンの記者会見で質問はできないですよね？

木村――取りあえず空自の活動を取材したいと言って、空幕にお願いしました。空自の幹部は入隊の年によって、何期何期って分かれているわけです。実務部隊のトップも居る。当然飛行機に乗っている人、逆にイラク現地でキャップみたいなことをやっている人。そういう人たちに取材を申し込み、浜松基地（静岡県）とか、各地の基地にも行ったんです。

そういう中で、ある人が、輸送人員数を取りあえず認めてくれた。その時点で「一」（一万人）は行っているだろうと、自分は計算していたので、その人には「米兵は『一』は行ってますかね？」と、初めて当てた。そしたら「調べるから、ちょっと待ってくれ」と。それが記事の出る少し前、六月だったと思います。

●――「米兵一万人」の確認プロセスはどう進んだんですか？

木村――私も警察担当が長かったので、動物的勘としか申し上げられない部分もあって。それこそ、東京の防衛省のクラブに入ったら、何人か飲みに誘って。どこから通っているかを聞いて、幹部の自宅も割り出します。東京は逆に割り出しやすい。帰宅する職員らの後を付けやすいんで。そういうことをずっと繰り返しました。

最後の確認はある幹部からです。Ａさんの時も同じだったんですが、向こうに「実態を伝えたい」という思いがあった。彼らは政治のおもちゃにされているみたいな側面もありますから。ばかを見るのは自分たちじゃないか、という部分です。飲みの席でした。幹部の彼も政治家に対して、いろいろと思いがあることが分かった。「この人ならひょっとして、事実を語ってくれるかもしれない」と感じ、後日、この方に正式に取材を申し込んで会いに行きました。

●――昼間ですか？

木村――そうです。その幹部は実態を把握する立場にあり、当然自分の個室もある。取材に行けば、個室に入れることも何となく分かっていた。で、入って、「大事な取材で来ました」と。最初はほとんど雑談です。アポ入れの時、「取材は三〇分間」と言われていましたが、話しているうちに相手もかなり分かってくれて、取材時間はだいぶ延びました。

一時間くらいたった頃、「実はこれを聞きに来ました」と。そして「米兵を既にこれくらい運んでいるんじゃないですか」と。すると、「分かった。大体そうだ。細かいことはちょっと調べておくから、後日連絡してきてくれ」と言われました。最後に余談みたいになった時、彼は部下を個室に呼び、僕のいる前で「これ、調べて。こいつから電話が行くから答えてやってくれ」と言ってくれました。

どうして教えてくれたか、というのは難しいですが、記者としての自分も新聞社という組織からすれば、末端の隊員の立場に居る。そんな僕の立場に、ある意味、共感を持ってもらえたところが大きいと思います。それプラス、これも重要な部分ですが、その幹部にも対政治家へのメッセージを出したいみたいなところがあった。それは強く感じました。

僕が金沢で勤務していた時、(石川県選出の)森喜朗氏が首相だったんですね。そのときは僕自身も政治家にある思いを抱いていた。要は、口だけなんですよね。「今だけ良ければいい」という刹那の権化みたいなものを僕は感じていた。彼らは、選挙に通るためなら何でも言うわけじゃないですか? それなのに自分が関係なくなると、全く責任がないわけ。要は、責任を取らない政治家への怒りみたいな部分です。

イラクに行った空自隊員のAさんもBさんも、組織の中では末端です。捨て石みたいにされる可能性がある。そういう彼らにも当然、ご家族が居る。そこに寄り添わなければいけない、っていう気持ちがありました。

●——なるほど。

木村——絶対守らなければいけない取材源はAさん、Bさんのほかにも居ます。Aさん、Bさんの話をさらに確認してくれた小牧基地の関係者もいる。東京には「一万人」という数字を確認してくれた幹部の他にも重要な人がいる。そういう数字が空輸実績として存在し、どこにちゃんと残っているかをまず教えてくれた人がいるわけです。この一連の取材では、例えば、「一万人」「何を運んでいたか」といった防衛省・自衛隊側の記録物、ペーパーは入手していません。全部証言を重ねてファクトを詰めたわけです。

●——木村さんも十分若いですが、若いジャーナリストに「取材はこうやるんだよ」とか「調査報道はこうだ」とか、何か伝授するとしたら、どういうことを言いたいですか。

木村——疑問に思ったことは徹底的に自分で解明する。それに尽きると思うんです。じゃないと、こんなに長くこの問題をやってなかったですから。志の部分ですよね。この取材をやっているときに勇気づけられたのは、レベルは違うけど、ウォーターゲート事件の取材をやっていたワシントン・ポスト紙の若い記者二人のことですよね。

●――ウォーターゲート事件報道は、一九七二年です。大統領選で再選を狙うニクソン大統領陣営が、政敵の民主党陣営が置かれたビルに五人が住居侵入で逮捕される。最初は小さな事件だったのに、ボブ・ウッドワードとカール・バーンスタインという当時二〇代後半のワシントン・ポスト紙の記者がしつこく取材を続け、大がかりな組織的盗聴事件だったことが発覚しました。ニクソン氏はやがて辞任に追い込まれ、この取材は調査報道の金字塔と呼ばれています。一連の過程を二人が綴った「大統領の陰謀」（文春文庫）をむさぼり読んだことがあります。

木村――彼らがやっていたことと内容やレベルは全然違うけど、僕がやっていたことは一緒なわけですよ。一軒一軒、関係者を訪ねて、話を聞く。僕もそれしかなかった。若い人たちは、そこが分からない。地道なことからしか道は開けないのに、なかなか伝わりません。

今はデスクになりましたが、日々、「特ダネを書け」って、それだけを言っています。究極、それしかない。全てそれの延長線じゃないですか？「やがて発表になるにしても、警察の発表を一秒早く警察から取れ」ということです。「放っておいても世に出るような情報も取れない記者に、当局が死に物狂いで隠そうとするネタを暴こうとする調査報道なんかできるはずがない」と。「まず、発表を発表前に抜いてみろ」と。それだけです。

●――そうですか？ 警察発表の先取りができなくても調査報道のスクープはできると思いません

か？

木村――いや。いずれ明らかになるものであっても、それを一分一秒でも早くキャッチできない記者が、調査報道なんてできるはずがないじゃないですか。それをできないのは、情報源を持っていないからですよ。最近はその基本部分ができていない。近年、全国的にみてもスクープらしきものが少ない。新聞よりも「週刊文春」[5]のほうが面白いじゃないですか。

それと、僕らは全国紙じゃないんです。地元紙だと、地元の警察ネタを抜いてこそ、なわけです。抜けないとしたら、単に警察にコントロールされているだけです。例えば、中日新聞の地元は愛知県ですが、地元のために、県民のために、一分一秒発表より早く情報を取る。それをやれ、と。それは地方紙としての使命だ。そういう無駄と思うようなことをやれば、自分のスキルアップにつながり、取材力はつく。だから、嫌であっても、それをやれ、と。

地元紙ということで言えば、小牧にいた時、そこに空白の小牧基地があったわけですね。海外に行ける輸送機の部隊は、小牧にしかない。でも、そういう自衛隊に対しては、どこの新聞もあまりアプローチしてないと思います。

●――確かに、個々の自衛隊員が本当はどういう思いを抱いているかについては、どこの新聞もあまり取材できていないと感じます。専門的な一部の編集委員などを除くと、自衛隊担当の記者を置いている新聞もほとんどないでしょう。

木村――自衛隊取材のノウハウ、あるいはアプローチの仕方も含めて欠落していますよ。通常の警察取材とやることは一緒ですけどね。

ただ、隊員はある意味、取材慣れしてないんですよ。だから、接触できれば、警察官への取材以上のことを聞ける可能性があるんです。自衛隊は変な話、長い間、表にあまり出てこなかった。今でこそ災害救助でスポットライトを浴びる機会も多いけれど、あるいは海外派遣が増えてスポットライトを浴びるようになってきたけど、これまでは長く、憲法論争やそれを巡る国会議論などでしか取材の対象じゃなかった。自衛隊は基本的にメディアの取材対象じゃなかったんです。

だから取材する方も自衛隊の活動や隊員の日常的なことが分かっていない。欠落です。双方が取材慣れしてない。あんまりいい状況じゃないと思います。

米軍なんか、そうじゃない。報道に対するバリエーションがいっぱいあって、変化していく。日本の自衛隊はそういうものがない。陸自がサマワに行くときも、どのような報道対応するかで、すったもんだしていました。

通常の基地取材でも双方にノウハウがない。メディアもセレモニーの取材程度しか経験がないし、自衛隊側も何をしゃべっていいか分からない。だから、フェース・ツー・フェースで互いに信頼・信用が生まれたときには、逆に、今回みたいな取材ができてしまうのかもしれません。いったん信頼関係を結んだら、向こうもどこからどこまでがやばい話かなんて、もう関係ないというか、たくさん話してくれる。最初に言いましたが、彼らには話したいことがたくさんあるわけです。

ですから、信頼関係がないと、彼らの思いも表に出て来ない。それは日本の社会にとってマイナス。大変よくないことだと思います。

［用語解説］

1―空自小牧基地

愛知県小牧市と春日井市、豊山町にまたがる総面積一二〇平方メートルの基地。隊員は約一八〇〇人。県営名古屋空港滑走路を使用。八部隊があり、このうち第一輸送航空隊は、人員・装備品の航空輸送や車両・物料の空中投下、戦闘機に対する空中給油を行う部隊で、国連平和維持活動にも従事。一九九二年の自衛隊カンボジア派遣では、C130輸送機で隊員を派遣する拠点となった。

2―米英軍の攻撃

米英軍が二〇〇三年三月二〇日、イラクに対する攻撃を開始。小泉純一郎首相は武力行使に支持を表明した。ブッシュ政権はイラクが大量破壊兵器を保有していることを開戦理由に挙げたが、発見されなかった。フセイン政権崩壊後の同年五月一日に大規模戦闘終結が宣言されたが、その後内戦状態に。ブッシュ政権は米軍を増派。オバマ大統領が二〇一一年一二月一四日に終結宣言するまで九年近くに及ぶ戦争が続いた。

3―日本の外交官二人が銃撃

日本人外交官二人が二〇〇三年一一月二九日、イラク北部のティクリット近郊で、日本大使館用の車で移動中、銃撃され、死亡した。外交官二人は、北イラク復興支援の会議に向かう途中だった。小泉純一郎首相は「日本は復興支援でやるべきことはやらなければならない」と述べ、自衛隊派遣の方針を変更しなかった。

4—二〇〇七年七月の参院選

第一次安倍内閣発足後初の全国レベルの国政選挙。自民党は三七議席しか獲得できず、宇野宗佑首相が退陣した一九八九年参院選以来の歴史的大敗となった。年金記録不備問題や相次いだ閣僚の失言、「政治とカネ」問題が要因。一方、民主党は六〇議席を獲得、初めて参院第一党に躍進した。

5—週刊文春

文藝春秋社が発刊する週刊誌。最近は政治家の不正に絡むスクープを相次いで報じている。二〇一六年一月には、甘利明経済再生担当大臣側が、千葉県の建設会社から、道路工事の補償交渉を巡る都市再生機構への口利き依頼を受け、計一二〇〇万円を受け取っていたと報じた。同二月には、「イクメン宣言」した自民党の宮崎謙介衆院議員が妻の出産入院中に不倫したこと、同じく五月には、東京都の舛添要一知事が公用車で神奈川県の別荘へ通っていたことをスクープ。いずれも、新聞やテレビ各社が後追い報道し、三氏は辞任に追い込まれた。

石井暁氏（共同通信）に聞く

首相にも防衛相にも内密 「自衛隊 独断で海外情報活動」の記事はこうして生まれた

石井暁（いしい・ぎょう）

一九六一年、神奈川県生まれ。八五年に共同通信社に入社。東京支社編集部次長、社会部次長などを経て二〇一二年一〇月から編集局編集委員。一九九四年、自衛隊のルワンダ難民救援隊に同行して以来、防衛省・自衛隊を二〇年余りにわたって取材している。「空自、北朝鮮空爆を極秘研究」「中国軍、海自艦にレーダー照射認める」など多数の独自報道を手掛けてきた。

二〇一三年一一月、特定秘密保護法案[1]をめぐる審議が衆院で始まった。安倍政権は、日本版「国家安全保障会議（NSC）」の年内発足を目指し、その運用には秘密保全が不可欠だと主張し、法案成立を急いでいた。これに対し、国民の間では懸念が一気に広がった。「特定秘密」が乱用されて情報統制が強まり、国民の「知る権利」が損なわれる危険性があるとして、学者や弁護士、ジャーナリストらが相次いで反対を表明。全国各地では市民の反対集会が続いた。

そんな中、法案は、衆院国家安全保障特別委員会で強行採決された。審議は三週間足らず。委員会通過直後、本会議に緊急上程されて即日採決され、衆院を通過した。一一月二六日のことだった。

衝撃的なスクープが共同通信社から配信されたのは、その翌日である。

陸自『別班』、独断で海外情報活動／文民統制を逸脱

この記事を手掛けたのは共同通信社編集委員の石井暁氏。取材には五年半を費やしたという。記事の前半はこう書かれている。

> 陸上自衛隊の秘密情報部隊「陸上幕僚監部運用支援・情報部別班」(別班)が、冷戦時代から首相や防衛相(防衛庁長官)に知らせず、独断でロシア、中国、韓国、東欧などに拠点を設け、身分を偽装した自衛官に情報活動をさせてきたことが27日、分かった。陸上幕僚長経験者、防衛省情報本部長経験者ら複数の関係者が共同通信の取材に証言した。自衛隊最高指揮官の首相や防衛相の指揮、監督を受けず、国会のチェックもなく武力組織である自衛隊が海外で活動するのは、文民統制(シビリアンコントロール)を逸脱する。
>
> 衆院を通過した特定秘密保護法案が成立すれば、自衛隊の広範な情報が秘密指定され、国会や国民

の監視がさらに困難になるのは必至だ。

この記事には二つの大きな価値があった。

一つは、特定秘密保護法の危険性を具体的に示した点にある。法が成立すれば、自衛隊の広範な情報が秘密指定され、ただでさえ秘密の多い自衛隊がさらに秘密の壁を厚くするかもしれない。それは国会や国民による監視をさらに困難にする可能性がある。

もう一つは、政府や国会が自衛隊を統制して暴走を防ぐ「文民統制」(シビリアンコントロール)が既に無視され、形骸化している実態を暴いた点にある。文民統制とは選挙で選ばれた政治家が軍を統制することであり、「軍」に対する「政治」の優位を指す。自衛隊の最高指揮官である首相にも報告せずに活動する情報部隊は、まさに文民統制を根底から覆す活動と言えた。

この記事には「防衛省情報本部長経験者」と「陸上幕僚長経験者」の一問一答が載っている。秘密活動を認める、当事者の証言。これを取材できたからこそ、自衛隊側は反論できなかった。一部を引用しよう。「別班」とは、秘密部隊の呼称である。

――別班が海外で収集した情報はどうするのか。

「別班長から地域情報班長、運用支援・情報部長、陸幕長の順に回す。陸幕副長と情報課長には回さない。万が一の時(副長と課長が)責任を免れるためだ」

――別班員はどういう身分で海外へ行くのか。

「海外要員は自衛官の籍を外し、他省庁の職員にして行かせる。万が一のことがあっても、公務員として補償するためだ」

このスクープは、共同通信社に加盟する三一新聞社が一面トップで報じた。国際的な反響も大きかった。ロイター通信など一〇近くの海外メディアが転電し、三〇〇を超える中国語メディアが中国語の共同原稿を転載・引用した。

別班については、これまでいくつかの書籍や報道が伝えていた。ただ、その内容は一九七〇年代までの国内活動のみ。首相も防衛相も知らないうちに海外展開していたことを明るみに出す報道は初めてだった。

この報道の後、別班について問うた国会議員の質問主意書に対し、安倍晋三内閣は「過去も現在も存在せず」との答弁書を閣議決定している。しかし、政府側から共同通信への抗議などは一切ない。その事実こそが、報道の確かさと政府の困惑を示していると言えよう。

端緒をつかんでスクープを放つまでの五年半。石井氏はこの間、どのような取材を続けたのか。どうやって防衛省・自衛隊の奥深くから情報を入手し続けているのか。そもそも、なぜ防衛省・自衛隊の「監視」にこだわっているのか。

陸自別班報道　取材過程

2008年	4月10日	石井さん、「陸自別班が勝手に海外情報活動」との情報を自衛隊幹部から得る 以降、元別班員を取材。その後、防衛庁・防衛省の歴代幹部に直接取材することに
2011年	3月11日	東日本大震災
	7月16日	陸幕長経験者が取材に「別班」認める。一問一答に。担当デスクと出稿検討したが、取材継続へ 防衛庁・防衛省の歴代幹部への取材を重ねる
2013年	7月16日	情報本部長経験者から証言得る。「総理も防衛相も存在さえ知らない」「海外要員は自衛官の籍を外し、他省庁の職員にして行かせる」。一問一答に
	11月19日	「近く出稿」と防衛事務次官と陸上幕僚長に通告
	11月26日夜	特定秘密保護法案衆院通過
	11月27日	共同配信「陸自　独断で海外情報活動　身分偽装の『別班』」（掲載は28日朝刊）
	11月28日	参院安保特別委で防衛相「確認する」
	11月29日	防衛省報道官「これ以上の調査やる状況でない」
	12月6日	特定秘密保護法が成立
	12月10日	閣議決定「『別班』存在しない」
	12月30日	共同配信「別班、特殊部隊と一体構想」（掲載は31日朝刊）

※石井さんへのインタビュー、各種報道に基づく

取材対象にどう食い込むか

●——防衛省や自衛隊というと、秘密の塊のように映ります。石井さんは、そこに食い込み、組織が隠してきた秘密をえぐり出すような取材を続けています。しかし、一朝一夕にそうした取材はできるはずがありません。そもそも自衛隊、防衛の取材を本格的に始めたのは、いつからなんでしょうか。

石井——共同通信に入社して岡山、浦和、横浜の順で各支局に配属されたのですが、最初の関わりは横浜支局のときです。海上自衛隊の護衛艦「あきぐも」が、NATO（北大西洋条約機構）共通の敵味方識別装置の暗号表（符号対照表）を紛失していたことが分かった、という記事を書きました。暗号表というペーパーを紛失していたのを隠していたんです。護衛艦の基地は青森県大湊です。

●——大湊基地での隠蔽を横浜支局の記者が？

石井——自衛隊にいる仲のいい人から、「知ってる？」と言われて。差しで飲みながらです。当時、横浜支局で厚木基地を担当していました。その人が、そのものずばりの話を教えてくれたので、そのあと、海幕広報室長に当たって、「間違いないですね」と。向こうも嘘をつけないので、そのまま書きました。ディテールも全部分かっていたんで。

●——その記事は共同通信の加盟社に配信され、一九九三年一月一〇日付の紙面に載っていますね。で、記事を見ますと、「関係者の話を総合すると」という形になっている。でも、本当は「関係

者の話を総合すると」ではなく、情報源は一人だったと？

石井――まあ、そこは、一種のごまかしですね。情報源を守るための。「いっぱい取材をしたんだよ」というふうに書いた。でも、そうするときは、取材を実際に各方面にしなくてはならないです。当時は、防衛庁（現防衛省）担当の先輩記者がいろいろな方面に取材して、「足跡」を付けてくれたんです。要するにカモフラージュ。足跡を付けてくれませんか、と先輩に頼みましたね。

●――自衛隊にすれば、書かれると困る話ですよね？　情報源になってくれた人は、なぜ石井さんに話してくれたのでしょう？

石井――制服自衛官の中にも、背広組の中にも、「これは隠していてはいかんだろ」という人はいるわけです。

このときは旧ソ連が崩壊する前の冷戦時代。暗号表をなくしたことをＮＡＴＯに報告していなかった。ＮＡＴＯに対しても、隠していたわけですよ。敵味方識別の暗号が他の国に渡ったら大変なことになる。その話を教えてくれたのは、自衛官としての良心、彼なりの正義感だったんですね。「おかしいことはおかしいって言うべきだ」と。話してくれたのは、海上自衛隊の人です。

自衛隊の組織内で「おかしい」と言うのは、勇気が要りますよね。組織内で「おかしいじゃないか」と言うよりは、やっぱり、外部の記者に話し、それで記事になるなら、彼らとしてはその方が手っ取り早い。自分の身の安全も保てますよね。組織内で声を上げて、「異端児」だと思われてしまうと、あるいは「内部告発者的なやつだ」と思われると、軍隊組織ですからマイナスです。

●――端緒になった話を得たのは、酒を一緒に飲みながら、だった？

石井――大体、僕は飲みながらしか話はしない。昼間に取材先に行くのは、ただ単に関係をつくるためだけですよ。取材先を回って、雑談して、「じゃあ、今度飲みに行きましょうよ」と誘う。昼間に行くのは、そこへの道筋を付けるだけなんですね。それで、実際に取材先と飲むときは、質問の優先順位を決めておくんです。質問項目を三つから五つ考えておく。

浦和支局のとき、覚えている人も多いと思いますけど、連続幼女誘拐殺人事件[2]がありました。その時、容疑者逮捕のフラッシュ(ニュース速報)を他社に先駆けて打ったんですね。泊まり勤務明けで支局にいて、同僚らとしゃべっていたら、知り合いの埼玉県警幹部から「石井、ちゃんと聞けよ。メモ取れ。逮捕されたぞ」って支局に電話があった。その幹部も飲み友達でした。

●――ずっと、同じ手法で取材をしているんですか。

そうです。だから、肝臓が心配なんです。

ただ、酒を飲んでも、相手の話を覚えておいて、家に帰ってから詳細なメモを作るから、取材先と飲むときは、基本的にビールしか飲まないです。本当は酒飲みなんですけれどね。

●――じゃあ、取材先と飲んでいるとき、メモを取らない？

石井――いや、取りますよ。相手にメモを取っていいかどうかを聞いて。ノートは広げないですけどね。お店の人とかに見られてしまうから。メモ帳を広げて、「ちょっとメモ取らせて頂いていいですか」と。取らないと怖くて。

隠し録音はしません。相手に分かってしまうと思うんです。自分が何か気になってしまって、多分、視線がレコーダーの方に動いたり。それが怖くて、逆に集中できなくなってしまうんです。ICレコーダー用の隠しマイク、ネクタイピン型の物も持っていますけど、うまくいかない気がする。

実は、ある程度の深い関係になった相手は「記事を書いてもいいよ」という前提で話してくれる。そう踏んだ人には、「すみません、ちょっと覚えられない。頭が悪いんでメモ取らせてください」と言って、メモ帳を出しますね。

●——そうした日々を重ねて、東京の社会部で自衛隊と防衛庁の担当になった。

石井——一九九五年からです。一月に阪神大震災があって、その応援で西宮に行きました。担当になったのはその後。三月に地下鉄サリン事件が起きたときは、既に防衛庁を担当していました。

社会部時代には、アフリカのルワンダで大虐殺があって、自衛隊がルワンダ難民救援隊で行ったんですね。そのとき、一九九四年の秋から四カ月間、自衛隊に付いてアフリカへ行ったんですよ。

忘れもしない。この時、先輩記者が、僕の乗るはずだった飛行機に乗り、墜落して亡くなったんです。共同通信の記者とフジテレビの記者、パイロットを含め五人が…。ケニアのナイロビから当時のザイール(現・コンゴ民主共和国)のゴマに向かった飛行機です。先輩記者はナイロビ支局長で、ナイロビから食料や水などを積み、ザイールのゴマに行くはずだった。僕は休暇のためにゴマからナイロビに行くつもりで、先輩の乗ってきた飛行機に乗って帰ろうと思った。

沼沢均という人で素晴らしい記者だったんです。亡くなったとき、三六歳でした。ルワンダ難民取材の四カ月は、その後の取材にすごく役立っていると思います。陸上自衛隊や航空自衛隊にいろんな知り合いができて。背広組も。その経験があったから、防衛庁担当になれたんだと思います。

非公然組織「別班」の影

●──石井さんのスクープでは、やはり、二〇一三年一一月の「陸自別班が海外情報活動」という記事が衝撃でした。首相にも防衛相にも報告していなかったと。シビリアンコントロールを無視する秘密の活動です。このスクープ、端緒はどういうところから得たんでしょう？

石井──場所は東京・目黒です。イタリアンだったかフレンチだったか、忘れたんですが、普通のレストランでした。久しぶりに旧知の自衛隊幹部とワインを飲んでいると、「石井さん、知ってるか」というふうに言われたのが最初です。

その人は、別の自衛隊幹部にこの話を聞いて、びっくりして、僕に伝えた。彼とは定期的じゃないけども時々会って、酒を飲んでいましたね。気が向いたら、どちらからか連絡し、飲みながら話をする。その中でヒントをもらったり、という感じ。それをずっと続けてきた間柄です。

目黒での話の内容はこうでした。

要するに、陸上幕僚監部の中に機密情報組織があって、ここはヒューミント(人的情報収集活動)をやっている。それは、編成表にもない影の部隊だと。秘密情報部隊、非公然部隊ですね。中国、朝鮮半島、ロシア、旧ソ連など海外に拠点を設けており、人的情報収集、ヒューミントをやっている。海外にダミー会社をつくって、身分を偽装して自衛官を民間人として情報を集めさせている、と。それから、金は使いたい放題。(旧日本陸軍)中野学校の流れだ、とも話していました。二〇〇八年の四月一〇日のことです。

そのときは、彼も「別班」について正確な知識を持っていなくてね。もう一つ別の「調別」という陸上幕僚監部調査部別室と混同して話していた。

少しややこしいですが、「調別」は、今の防衛省情報本部電波部です。日本各地に電波傍受をする通信所を持っていて、北朝鮮とか中国とかロシアの電波を傍受している組織です。そのトップは代々、警察官僚が務めており、「別班」とは全く違う組織なんです。

●情報提供者が「別班」と「調別」を混同している。話を聴きながら、石井さんはその場で、そのことを理解できたんでしょうか?

石井──「調別」と「別班」が違うことは分かりました。日本共産党機関紙「赤旗」の特捜班が一九七〇年代に、それに関する取材を手掛けているんです。後に「影の軍隊」(新日本出版社)という一冊になり、かつて読んだことがありましたから。

これは後で分かるんですけど、「別班」という名称は「調別」と紛らわしい。あえて混乱させるためにそういう名称にした、と証言する別班OBがいて。ああ、なるほどな、と。目黒で会った自衛隊幹部が間違えるのも当然だな、と思いました。

●──その端緒を聞いて、取材をどう進めようと？

石井──教えてくれた方自身が、又聞き。だから、あまりディテールを知りませんでした。その場で、聞いたことをメモに起こして「もう一回ちょっと会いたい」と。で、また会って、また詳しく質問する。そうすると、彼がまた聞いてきてくれるわけです、本当の情報源から。彼と本当の情報源の間には、すごく強固な人間関係があるので、疑われなかった。

話を聴いて思ったのは、「別班」そのものは赤旗をはじめ、いろんなところで書かれている。一番気になったのは、海外に拠点を設け、ダミー会社をつくり、自衛官を民間人としてカバーさせているということです。首相にも防衛大臣にも知らせずに海外に拠点を設けてやっているとすれば、明らかに文民統制違反だ、と。シビリアンコントロールが全く効いていない。それをちゃんと取材で固めれば、大きな記事にできるんじゃないか。そういう想定をしました。

●──目黒のレストランで会った彼は「これはやばい」と思い、石井さんに話したのでしょうか。

石井──政府、防衛庁、防衛省は一貫して、「別班なるものは、過去も現在も存在していない」と言っていたわけですね。それなのに、「非公然組織が勝手に海外に拠点をつくり、情報活動をしているとすれば、明らかにおかしい。シビリアンコントロールに触れるんじゃないか」という問題意識が彼にはあって、それで話してくれたんだと思います。

●──どのように裏付けを進めたのですか。それこそ、ポイントは山のようにたくさんあると思うのですが。

石井——元別班員を含め、防衛省、自衛隊の情報関係者に断片的にいろいろな話を聞いて、固めていきました。

●——別班をめぐる記事のポイントは▽海外で諜報活動を実際にやっている▽シビリアンコントロールを外れている——の二点だと思うんですが、元隊員とか、実際海外でやっていた別班員から話は取れたんでしょうか。

石井——北京やソウルに行って活動をやっていた人の証言は、直接は取れていない。元別班員には話を聞きました。その元別班員は「自分は海外に行ったことがない」と言っていましたが、多分行ったことがあるのでしょう。その人は、そこだけを否定したかった。別班の存在、そして別班がやっていることは、以前に「赤旗」が詳しく書いているわけです。だから、その点はもう認めてもいいんだ、という判断です。

「海外に行っていたんじゃないか」と僕がこだわってしつこく聞いたけれども、そこだけは認めなかった。経歴からすると、彼は当然、行っているはずなんですがね。

で、そういう取材をいつまでやっても、実際に海外へ行った人が出てくる保証はない、と。もう自衛隊の上の方を攻めなければいけない、と。最終的には、海外での秘密活動が確かにあった、という誰かの一問一答が記事としてほしいわけです。

それで、当時デスクをしてくれていた中村毅（当時、共同通信社会部副部長）と相談して、存命の歴代防衛庁・防衛省幹部に当たってみることにしたんですね。「誰かしゃべってくれるかもしれない」ということで。門前払いがほとんどでしたけど、その中で、一人だけがほぼ認めてくれたんです。

陸幕長経験者の話が取れたのは、民主党政権下のことでした。当時の防衛大臣は北澤俊美さんです。北澤さんは二〇〇九年の就任の訓示で「僕は戦中派。文民統制には徹底的にこだわりたい」というような発言をされていたし、その時にいったん、記事を出そうかという話を中村としたんですね。「北澤さんなら調査してくれるかもしれない」と。けれども、「(取材で得たファクトが)まだ足りないんではないか」ということになりました。

●──何が足りないと?

石井──配信記事にある一問一答(61ページ)を読んでいただければ分かるんですが、認めているけれども、決定的な証言がないんですよね。

●──陸幕長経験者は一問一答で「別班があった」と言っています。「足りない」とは証言の時点が古すぎるから? 「今もやっている」という部分が証言にないから?

石井──極めて難しい質問ですね。海外での情報活動は全然古くない。証言にディテールが足りないということです。「元陸幕長」とか、「元情報本部長」とは書かずに、「陸幕長経験者」「情報本部長経験者」と書いているのは、中村と「これで行こう」と相談した結果ですけれど。

●──話を進めましょう。陸幕長経験者の証言を得てから、出稿までにさらに二年ぐらい経過しています。最終的に「これで出稿しよう、問題なし」という判断は、どこでどう付けたんですか。

石井──「情報本部長経験者」の証言を得たことです。取材は二〇一三年七月一六日でした。

この証言は具体的で、ディテールも入っている。経歴から言っても、話の内容から言っても、

一問一答（二〇一三年一一月二七日配信記事より）

◉防衛省情報本部長経験者の一問一答は次の通り。

別班の海外拠点は。

「かつては旧ソ連、韓国、中国の3カ所だった。冷戦終結後はロシアの重要性が低下して、韓国、中国が中心になった時期もあった」

別班が海外で収集した情報はどうするのか。

「別班長から地域情報班長、運用支援・情報部長、陸幕長の順に回す。陸幕副長と情報課長には回さない。万が一の時（副長と課長が）責任を免れるためだ」

別班の存在についてどう考えていたか。

「運悪く新聞に書かれたら、辞めるしかないと覚悟していた」

防衛相は別班について知っているのか。

「総理も防衛相も存在さえ知らない」

別班員はどういう身分で海外へ行くのか。

「海外要員は自衛官の籍を外し、他省庁の職員にして行かせる。万が一のことがあっても、公務員として補償するためだ」

その人事を取り扱うのは誰か。

「陸幕人事部に別班担当者が1人いて、代々秘密裏に引き継いでやっている」

◉陸上幕僚長経験者の一問一答は次の通り。

別班の活動について聞きたい。

「あの組織は、いろいろと名称を変えて来ているので」

特別勤務班、ムサシ、MIST、別班、今はDITと呼ばれているようだが。

「あそこは何回も組織改革をしてきている。現状は詳しくは知らなかった」

別班が海外に拠点を置いて活動しているのを知っていたか。

「陸幕長の時も(詳しく)聞いた事はなかったし、聞かない方が良かった。万が一の事態が発生した時、聞いていたら責任を問われてしまう」

どんな責任を問われるのか。

「もっとも(別班の)彼らは自衛官の身分を離れているので、陸幕長の指揮下ではない。万が一のことがあっても大丈夫にしてある」

どうやって自衛官の身分を離れるのか。

「詳しくは知らない。知らない方が良い」

別班の海外情報をどう評価するのか。

「陸幕長は毎日、戦略、戦術情報の報告を受けている。どの情報が別班か、駐在武官か、情報本部電波部か分からないが、そのチーム(別班)の情報も有用と考えていた」

自衛官の身分を偽って海外で活動するのは、極めて危険で過酷だと思うが。

「別に強制されてやっているのではない。情報職種の人なりのやりがいがあるのだろう。われわれは軍人だから、危険な任務は日常だ」

別班が陸幕長の指揮下でないならば、誰が指揮していたのか。運用支援・情報部長か。

「そうじゃないんだ。もっと違うものだ」

彼の証言は極めて信頼性が高い。もともと活動の実態を知り得る立場だし、その肩書から言っても、「これはいける」と。決定的な一問一答だったし、記事全体の支えになるという判断だったんですね。

さらに言うと、「もう少し取材をしようか」という話も社内ではあったんですが、特定秘密保護法が成立してしまう前に、考える材料として出すのがいいのではないか、と。そういう判断をした。

陸幕長経験者も情報本部長経験者も「記事で彼らの名前を出してもいいですよ」と、僕は社内で言ったんです。

――実名を出してもいいと考えた理由は。

石井――彼らが極めて責任の重い立場にあり、それもシビリアンコントロールに反するような極めて重大なことに関係してきたからです。ただ、実名で記事にすると通告はしてなかった。だから、そのままの状態で記事化すると、倫理的な問題は残る。一方、「〇〇経験者」ではなく、実名にすると、より説得力を持つ。だから社内で、実名の是非は検討しました。

慎重な上司はいましたね。理由はいろいろです。「その陸幕長経験者を取材したときに、おまえ、アルコールは入ってなかったか」と言うから、「ビールをコップ一杯だけお互い飲みました」と言った。そしたら「『それは、酒の席の話だ』と言われるんじゃないか」と。まあ、そういうようなことです。

――でも、取材として会っているわけですよね。

石井——そうです。陸幕長経験者は、自宅に行ってます。情報本部長経験者は飲み屋ですが。

●——情報本部長経験者と陸幕経験者。二人はそれぞれ、元からの知り合いだったんですか。

石井——すごく仲良かった。

●——そういう相手に対して、通告の無いまま実名で書くという判断は「今まで自分の取材に協力してきてくれた人との関係を切ってもいい」との考えでもありますよね？

石井——今まで僕は、ある意味、切って書いてきました。そのために会社の金を使って飲み食いしている。最後は書くために、切ることを前提に、関係を続けているわけです。サツ回り（警察担当記者）なんかは、よく、「関係が壊れてしまうから、書けない」と言う。それは違う。書くためにやっているのだろう、と思っています。

●——取材先個人ではなく、当局には事前通告をしたんでしょうか。

石井——防衛省の事務次官と陸幕長に通告しました。二〇一三年一一月一九日です。「三日後に書くんで、海外にまだ別班員がいるなら、すぐ避難させてくれ」と。原稿を書いたら、海外に展開している日本の自衛官、例えば、韓国にいる別班員が、国家情報院に逮捕されるかもしれない。そういうことは避けたいと。スパイで死刑判決を受けたら、責任を持てない。自衛官の逮捕を望んでいるわけではないですから。

●——「一一月二一日に配信する」という通告ですね。実際の出稿は一一月二七日でした。

石井——タイムラグが生じたのは、社内が非常に慎重になったというか。最終的には編集局長のゴーサインがいるわけです。でも、「その前に編集局の各デスクも原稿を見なくてはいかんだろう」ということになり、社会部副部長の中村がデスクとして見た原稿を、二人の局次長が見て、チェックが入ったんです。書き直したら「ここおかしい」とか、「ここはどうなんだ」とか、見る人がみんな違う指摘をしてくるわけです。

●それによって記事が薄まることは？

石井——それは全くない。「秘密保護法案が衆院を通過する前に出したい」と希望していたのですが、結果的に通過後になってしまった。

〈石井さんは、束ねたA４のメモをめくり始めた。箇条書きの冒頭に「○」が付いていた〉

石井——これが取材メモなんですけど、これを中村と社会部長と局デスク二人の計四人に全部渡しました。「見てくれ」「全部読んでくれ」と。みんなラインマーカーで引きながら読んで、局デスクも「これなら大丈夫だ」「問題ない。出そう」と。編集局の意思として統一できました。

●取材メモを回覧したとき、情報源の固有名詞も含めて共有したということですか。

石井——取材メモには固有名詞が入っています。だから、社内の局次長二人と社会部長、社会部副部長の中村には全部開示したんです。何回もみんな読んでいます。何回も会議をやりました。

●事務次官らに通告した時、あるいは通告から配信までの間に、「やめてくれ」とか、相手側に言われたことは？

石井——事務次官には「本当なのか。別班があるとは聞いていたけれど、海外に行っていることは、私も知らなかった。よく調べたな」と言われました。

陸幕長は、眼がすごく怖い人なんですけれど、僕は彼に日本酒を教えてもらったという関係にあります。月に一回は酒を飲んでいた。僕が招待すると、次は、陸幕長室でオードブルを取り寄せてもらって飲むというのを、お互いに月一回必ずやっていたんですね。

通告の時は「今日はちょっとまじめな話です」と切り出した。陸幕長は顔色が変わって、本当に真剣な顔になって、「それ、どういう意図で書こうとしてるんだ?」と聞くから、「シビリアンコントロールを完全に逸脱している」と。陸幕長はさらに「なぜ、今出すんだ」と言うので、「特定秘密保護法を考えるうえで、貴重な材料になると思うからです」と言ったんです。そうしたら、「分かりました。お引き取りください」となって。それで関係は終わりました。飲みに誘っても、全然相手にしてくれないです。

情報を引き出す術

●海外で情報活動をしている自衛官は、自衛隊の身分を離れるという話でしたね。離れているということは、給料は自衛隊から出ていないという意味でしょうか。

石井――身分は離れています。でも給料は出ているんですよ。陸上幕僚幹部人事部の中に歴代、「別班担当」の人がいて、代々その仕組みを引き継いでいるんです。

●その金は米軍からでは?

石井――かつては米軍から出ていました。それこそ、吉田茂首相の時代から別班にはずっと、基本的に米軍が金を出していたんです。今は米軍から出ているとは思えないですね。

ただ、MIST（ミリタリー・インテリジェンス・スペシャリスト・トレーニング）という訓練があった。それは秘密諜報員をつくるためのトレーニングで、最初は米軍が始めました。別班もその訓練を受けて育った。今は分からない。その当時は米軍が全部指揮していたけど、今は分からない。

赤旗が「影の軍隊」を書いた時代、別班長は米軍のキャンプ座間（神奈川県）にいました。だから、米軍と完全に一体化していたけれど、以降は防衛庁、防衛省の中に拠点があり、米軍とどの程度の関係があるかは、分からないですね。

●——**二〇一三年に別班の記事を出した時、誰が別班を指揮していたんでしょうか。**

石井——基本的な指揮は別班長です。別班長の上は「地域情報班長」、その上は「運用支援・情報部長」です。

●——**シビリアンコントロールの逸脱でいうと、最終的に官邸に全く知らせてないのか、それとも「知らせてあるけど、公式的には伝えてないことにしますよ」という世界だったのか。これはどっちですか。**

石井——自衛隊側は何も官邸に言ってない。この一連の取材で、僕が「キーパーソン」と呼んでいた人がいます。その立場、ポストから言うと、全体を知り得る。その人の存在は大きかった。

●——**そのキーパーソンと共同通信との間で取材のやりとりがあったことを、防衛省、自衛隊は分かっているんですか。**

石井——多分、分かっている。

●——**では、キーパーソンは自衛隊内部でも問題にできないような立場の人だと？**

石井――これは冗談として取ってください。ウォーターゲート事件[3]で言うと、ディープスロートみたいな存在です、キーパーソンは。だから、取材の発端じゃない。だけど、ヒントを与えてくれて、修正してくれた。

●――ウォーターゲート事件の時、ワシントン・ポスト紙に情報を与え続けた「ディープスロート」は、事件から三〇年近く過ぎてからＦＢＩの副長官だったと判明しました。けれども、事件の最中にディープスロートが副長官だと分かっても、ＦＢＩの中ではどうしようもなかったってことですね。

なぜキーパーソンは石井さんに協力してくれていたんですか。

石井――極めて長い人間関係の中で、僕と問題意識を共有してくれていた。要するに、おかしい、と。「情報活動は必要だけれども、首相にも防衛大臣にも言わずに、シビリアンコントロールを外して海外で勝手にやっているのは、明らかにおかしい。それはおまえの言うとおりだ。協力する」と。「情報活動はもちろん必要だけども、軍事組織が勝手に海外展開なんかしていいわけがない」と。それで、完全に協力してくれることになった。「力を貸そう」と言ってくれて。実際、力を貸してくれました。

●――キーパーソンや目黒のレストランで会った方とは、今も関係は続いているんですよね。

石井――続いています。

●――別班の取材によって、情報源が何か不利益をこうむったことはないですか。

石井――迷惑を掛けた人はいません。

●——防衛省・自衛隊は、記事が出たあとに、組織内でしゃかりきになってそのソースを探すでしょう？

石井——やります。関係者に、私用も含めて携帯電話やパソコンを提出させて、全部調べます。別班のときを含めてそうです。

●——自衛隊が組織を挙げて調べても、内部で処分できないほど、ネタ元が高位にいるということもあるのでしょうか。

石井——そういう場合もあります。別班の取材では、証言として陸幕長経験者と情報本部長経験者に一問一答していますけれど、陸幕長経験者と情報本部長経験者を、調べるわけにはいかないですからね。これはどうしようもないですよね。五年半もかかって何十人も取材して、それを全員探し出すなんて無理ですから。

●——別班報道の直後、実は石井さんは、防衛大臣の記者会見で激論をされていますね。オープンな記者会見という場で、質問しない記者が増えている中、珍しい風景だったのではないかと。

石井——僕は、昔流のサツ記者が原点なので、「記者会見で質問するのは馬鹿な記者だ」「ネタがないから質問するんだ」みたいな感覚、「会見で質問する記者は目立ちがり屋だ」といった意識は、ずっとあった。けれども、別班のときは小野寺五典・大臣とやりとりをしなければいけない、と。覚悟を決めてやりました。

文官統制を巡っては、「何か引き出したい」という気持ちがずっとあって、中谷元・大臣とやり合った。中谷さんからは「文官統制制度は戦時中の反省からじゃない」「私は生まれてなかったんで、知らなかった」といった発言を引き出しました。「聞くときは聞かなければいけない」と、やっと分かったんですね。自分も五五歳。老い先短いし、遠慮して恥ずかしがっている場合じゃないと。

文官統制のときは、会見で連続して聞きました。一七問一七答。他紙の若い記者や陪席の報道官、広報課長、報道室長、SP、秘書官から「いつまで聞くんだ」という視線が前と後ろからバシバシ来る。すごく精神衛生的には悪いんです。けれど、定年退職まであと五年しかないので、聞きたいことを聞こうと、覚悟を決めてやっています。遠慮しないし、恥ずかしがっている場合ではない、と。いくら、「じじい記者、やり過ぎだ。いい加減にしろ」という視線を浴びてもやろうと覚悟を決めました。

●その防衛大臣、小野寺さんも本当に別班の存在を知らないのでしょうか。

石井――記者会見で小野寺大臣とやり合ったあと、小野寺さんと話す機会がありました。「石井さんのあの記事については、私は全く知らなかった。だけど、あり得るんだろうな。長くても二年しかやらない防衛大臣に、そんなことを言わないんだろうな」って。そういう趣旨のことを話していました。

●官邸に対しても自衛隊は同じ対応だったんでしょうか。

石井――恐らくそうでしょう。だから、菅義偉官房長官は「〜という報告を防衛省から受けている」と言って、逃げを打ったんだと思います。

安保法制が成立する前に、沖縄の潜水艦音響監視システム[4](SOSUS)の原稿を書きました。

その中で、「海上幕僚監部は、歴代の防衛大臣の中で短命そうな大臣には報告しない」という幹部の証言を書いたんです。そういう考え方が自衛隊にはあるんだと思います。

●——話は少し変わりますが、別班の取材で、身の危険を感じたことは？

石井——昔から知り合いの陸上自衛隊幹部にたまたまJR中央線の駅で会って、「また飲みましょうよ」となって飲み、そこで別班の話を切り出した。そうしたら、「おまえ、虎の尾を踏んでしまうと大変なことになるぞ。おまえは昔からマークされてきた、盗聴も尾行もされていた。おまえを消すぐらいのこと、何ともない組織だぞ」と。そういう脅され方をされました。将官クラスの人です。

その言葉を額面通り受け取りました。この人は、ずっと前に飲んだときに、「共産党が政権を取ったらどうしますか」って聞いたら、「ちゅうちょなくクーデター起こします」と言った人なんです。

●——でも、その発言は別班の存在自体は認めているってことになりますね。

石井——彼はこう言いましたね。「俺は、インテリジェンスのコミュニティーでは外様だが、魂、スピリットはあるから、絶対に言わない。諜報部隊の海外展開があるともないとも言えない」と。

こんなこともありました。別班の記事を書いたあとで、別班を辞めた人から連絡があったんです。その人と話をしていたら、「別班の本部の壁には、石井さんの写真と経歴が全部貼ってある」と言っていて。

●——別班の本部ってどこにあるのですか。

石井――市谷にあります。でも、組織上はないことになっています。一回突き止めました。入ろうかと思ったけれど、警務隊に不法侵入で身柄を拘束されるのではないかと思って、やっていません。

●今もそこに？

石井――僕が一回行ったから、市谷の中で別の場所に移りました。そこも分かっています。別班長の名前も自宅も分かっている。同僚記者と通勤時間帯と帰宅時間帯に交代で張り込んで。

メディアの最大の使命は何か

●定年まであと数年という話が出ていました。ジャーナリストとしての定年はないにしても、組織の記者としては残りわずか。この先はどういうテーマを？

石井――防衛産業は今、すごく関心があります。引き続き別班もやっていますし、中国関係や内部の組織の話もやっています。

　僕は防衛担当の編集委員です。共同通信の防衛省担当は、社会部が一人、政治部が一人。彼らと、基本的には一緒に原稿を書く作業をやっていますし、防衛省がどういう動きをしているかについても情報を共有しています。

●「調査報道をやりたい」という記者がいたら、どういうアドバイスを？

石井――報道の到達点は調査報道であるべきだと思っていて、ヤマバク（山本博）[5]さんや他の人の調査報道の成果を見て「やってみたい」とずっと強く思ってきました。ウォーターゲート事件もそうです。

でも、自分で調査報道をやれたという思いは、今まで全くなくて、手法も全く分からない。唯一、自分で「これが調査報道かな」と言えるは、神奈川県警の不祥事。シャブ(覚せい剤)使用のもみ消し事件です。県警本部長の犯罪だ、と書いて。あのときは、調査報道のまね事みたいな事ができたかな、と思ったんですけれど、具体的には手探りです。リクルート事件とか、北海道警の裏金問題とか、ああいうのを見ながら、自分で考えて、という感じです。全く方法論などないです。

●──**秘密保護法ができたことによって、法律自体というよりも、ムード的なものも含めて、取材はしにくくなったと感じますか。**

石井──別班原稿を書いたのと、秘密保護法が成立、施行された時期が重なっているので、どちらの影響かよく分からないです。別班の原稿で取材した相手が、僕を遠ざけているのは間違いないでしょうけれど。
ただ、もう少し言うと、別班は非公然組織なので、存在しないことになっている。だから、特定秘密には指定できないですね。「ない」ものをどうやって指定するのか、ということです。特定秘密保護法ができても、特定秘密に指定する要件がない。

●──**なるほど。指定してしまうと存在を認めることになってしまうわけですね。**

石井──もちろん、特定秘密保護法ができた後は、相当取材はしにくくなった、という考えはあります。

●──**防衛省は、特定秘密がすごく多い。その関係で、記者が逮捕される恐れも今後は出てくるかも**

しれない。

石井――それは、よく冗談でも本気でも言いますけど、特定秘密保護法違反で、逮捕者第一号になったら、ブン屋としてはそれ以上の名誉はないですよね。でも、国家って怖いですよ。そうやって、堂々と、「逮捕者第一号だ」と記者が胸を張るようにはしないです、きっと。酔っぱらって、例えば、「ぎゃー、痴漢」って言われたり、多分、そういうことだと思います。一回痴漢で逮捕されたら、社会的な地位も信頼も失うわけですからね。

●――石井さんも、自衛隊の監視リストに当然載っているわけですよね？

石井――載っていると思います。昔、六本木に自衛隊があった時代は、門を入ってすぐ右側に、陸海空の調査隊、警務隊のバラックがありました。当時はまだ緩やかで、米軍のバラックをそのまま使っていたんです。そこに入って、お酒飲んで、朝起きたら調査隊のソファの上で目を覚ましたり。そういうこともあったぐらいです。彼らが何をやっているのか、よく知ってるんですよ。

毎日新聞記者で、新聞協会賞を二回取った大治朋子さんが、こういう報道をしたことがあります。海上自衛隊が情報公開法に基づいて資料請求した人物の身元を調べ、リストを作っていた、と。

本当に恥ずかしいんですけれど、その話は聞いてたんです。でも、普通のことだっていう感覚になってしまっていて。本当にぼけた記者だな、と自分で自分を情けなく思いました。感覚がずれていたんですね。

飲みながらそういう話を聞いていた。彼らは「今、こんなことやってるんだ」と言っているわけです。「情報公開に来たやつのリスト作りなんだよ。嫌になっちゃうよ」とか。それを聞いて、「ふてくされないで」と励ましていました。本当は恐ろしい国民監視なんですけれどね。

●取材のノウハウで参考にしたものがありますか。

石井――斎藤茂男[6]が下山事件[7]を追い掛けた時の、「夢追い人よ～斎藤茂男取材ノート」（築地書館）は頭の中にすごく残っていますね。無理だと思っても、諦めない。何とかなるんじゃないかと、希望を持つこと。赤坂夜塾（ジャーナリストの交流と学習の場）の後で斎藤さんと何回か飲んだことがあって、面白かった。亡くなる一週間ぐらい前に連絡をもらったりしました。ああいう交流の場をやってほしいというか、僕たちがやらなければいけない年齢になっているんだろうけれど。

●私たち記者は、担当が変わったら新しい持ち場の人脈をつくらないといけないですよね。そして、かなりの頻度で異動し、持ち場も転々とする。石井さんは支局に出ても、自衛隊、防衛省の関係をつなぐ努力を続けてきた。そのモチベーションは何ですか。

石井――高校時代から防衛や安全保障に興味がありました。後に社会党委員長になった石橋政嗣の「非武装中立論」（社会新報新書）とか、憲法学者小林直樹の著作とか、そうした本に興味があり、「非武装中立論」に一時傾いていました。

防衛記者は、よく軍事オタクとか兵器マニアから入ってくる人がいるんですけれど、僕は戦闘機や戦車には一切興味がない。

千葉支局でデスクになりましたが、そのときも、支局長に「週に一回、何もないときは、東京に飲みに行かせてくれ。取材先と飲みたいんで」と言って。それで許可を取って、市谷に行き、自衛隊の幹部に会って、夕方から飲む。そういうことをしていました。

格好いい言葉で言うと、メディアの最大の使命は権力監視です。特に、国家の最大の武力装置、軍事組織の監視は重要なのではないかと。この後も走り続けて定年を迎えたいな、と。そういう気持ちはあります。

［用語解説］

1──特定秘密保護法

「防衛」「外交」「特定有害活動の防止」「テロリズム」の四分野において、各所管大臣は「特定秘密」を指定できる。指定期間は五年ごとに延長でき、上限は原則三〇年。内閣の承認があれば六〇年まで可能。暗号などの七項目はさらに延長できる。政府に不都合な情報が隠されるなど、国民の「知る権利」を侵害する懸念がある。特定秘密を扱う公務員らが事前に「適性評価」にパスし、取扱者になければならない。取扱者が特定秘密を漏らすと、一〇年以下の懲役。過失も二年以下の懲役。「教唆」も罪に問われることなどから、取材活動が制約されるなどの批判が強まった。二〇一三年一二月に成立した。

2──連続幼女誘拐殺人事件

一九八八～八九年に、埼玉県、東京都で四～七歳の女児計四人が相次いで失跡。女児宅に人骨入りの段ボール箱が届けられ、「今田勇子」名の犯行声明が自宅や新聞社に郵送された。同年七月、女児への強制わいせつの現行犯で、宮崎勤死刑囚が逮捕され、女児四人の誘拐、殺人を自供。二〇〇八年六月に死刑を執行された。

3—ウォーターゲート事件

一九七二年、ニクソン米大統領の共和党の再選支持派が、ワシントンのウォーターゲートビルにある民主党全国委員会本部に盗聴器を仕掛けるため侵入、逮捕された。ホワイトハウスは関与を否定したが、ワシントン・ポスト紙のウッドワードとバーンスタイン両記者が調査報道で追及。もみ消し工作も明らかになり、ニクソン氏は辞任に追い込まれた。二〇〇五年になって、事件当時のFBI連邦捜査局副長官が自ら情報提供者(ディープ・スロート)と名乗り出た。

4—沖縄の潜水艦音響監視システム

海洋進出を強める中国海軍対策で海上自衛隊と米海軍が、沖縄を拠点に南西諸島の太平洋側を広範囲にカバーする最新型潜水艦音響監視システム(SOSUS)を敷設し、日米一体で運用。このシステムについて、防衛省海上幕僚監部が歴代防衛相の一部には説明していないことを共同通信が二〇一五年九月に報じた。

5—山本博

一九四二〜二〇一三年。北海道新聞記者を経て朝日新聞記者に。平和相互銀行事件や談合キャンペーンなどの調査報道に携わり、朝日新聞横浜支局次長だった一九八八年、後にリクルート事件へと発展する川崎市助役への未公開株譲渡問題の取材を指揮した。調査報道の第一人者。新聞協会賞を二回受賞。著書に「追及　体験的調査報道論」(悠飛社)など。

6—斎藤茂男

一九二八〜九九年。共同通信記者。徹底したルポルタージュで日本社会の暗部や歪みを描いた。八四年に「日本の幸福」シリーズで日本新聞協会賞受賞。著書多数、著作集に「ルポルタージュ日本の情景」全一二巻。

7—下山事件

日本が連合国軍総司令部（GHQ）の占領下にあった一九四九年七月、国鉄総裁下山定則が出勤途中に失踪、死体となって発見された。この事件から約一ヵ月の間に国鉄に関連した三鷹事件、松川事件が相次いで発生し、「国鉄三大ミステリー事件」と呼ばれる。労働組合運動が活発になり、共産党の影響が強まることを恐れた当局の「謀略」との見方もあり、国民の関心も高かった。

2

原発事故の「真相と深層」に迫る

日野行介氏（毎日新聞）に聞く

萩原豊氏（TBS）に聞く

日野行介氏（毎日新聞）に聞く

原発事故は終わっていない どこからどう「その後」に切り込むか

日野行介（ひの・こうすけ）

一九七五年、東京都生まれ。九九年に毎日新聞社に入社。大津支局、福井支局敦賀駐在、大阪社会部に勤務し、電力会社による匿名寄付などを取材した。二〇一二年に東京社会部に異動以降、福島原発事故に関する調査報道を続けている。福島県の県民健康管理調査の秘密会や復興庁参事官による「暴言ツイッター」などを特報した。

東京電力福島第一原発事故は、報道にとっても大きな試練だった。誰も経験したことがない事態。問題の深さも広さも計り知れず、そして今も問題は何も終わっていない。

原発事故後、報道に対する批判も一気に高まった。新聞やテレビは政府や東電の発表を垂れ流しているだけではないか。まるで戦中の大本営発表報道ではないか。そういった批判である。「報道に二度目の敗戦」という厳しい指摘もあった。

そうした中でも実は、政府や東京電力が隠そうとする事実に迫る報道はいくつもあった。

「手抜き除染」「吉田調書報道」（いずれも朝日新聞）、「東京電力　メルトダウン禁句指示」（TBS）などである。

こうした調査報道の一つに、毎日新聞特別報道グループの日野行介記者が手掛けたスクープもあった。

福島健康調査で秘密会／県、見解すり合わせ／本会合シナリオ作る

毎日新聞朝刊一面トップをこの見出しが飾ったのは、二〇一二年一〇月三日である。記事の前文には、こうある。

東京電力福島第1原発事故を受けて福島県が実施中の県民健康管理調査について専門家が議論する検討委員会を巡り、県が委員らを事前に集め秘密裏に「準備会」を開いていたことが分かった。準備会では調査結果に対する見解をすり合わせ「がん発生と原発事故に因果関係はない」ことなどを共通認識とした上で、本会合の検討委でのやりとりを事前に打ち合わせていた。

原発事故に伴って大量に放出された放射性物質は、福島県民の健康にどんな影響を与えているのか。それを調べる福島県の調査の裏では、健康被害を小さく見せようとする画策があった――。それを暴いた調査報道である。

二〇一三年六月一三日付朝刊では、別のスクープが一面トップを飾った。

復興庁幹部ツイッター暴言／懸案「白黒つけずに曖昧に」／支援策先送り示唆

記事を引用しよう。

復興庁で福島県の被災者支援を担当する幹部職員が個人のツイッター上で「国家公務員」を名乗り、課題の先送りにより「懸案が一つ解決」と言ったり、職務上関係する国会議員や市民団体を中傷したりするツイートを繰り返していたことが分かった。政府の復興への取り組み姿勢を疑われかねないとして、同庁はこの職員から事情を聴いており、近く処分する方針。

この職員は総務省キャリアの水野靖久・復興庁参事官（45）。千葉県船橋市の副市長を経て昨年8月同庁に出向し、東京電力福島第一原発事故で約15万人が避難する福島県の支援を担当。超党派の議員立法で昨年6月に成立した「子ども・被災者生活支援法」に基づき、具体的な支援策を定める基本方針のとりまとめに当たっている。（中略）

「今日は懸案が一つ解決。正確に言うと、白黒つけずに曖昧なままにしておくことに関係者が同意」と、課題の先送りを歓迎するかのような内容をツイートしていた。

支援法をめぐっては、支援対象地域の放射線量の基準が決まらないことから、成立からほぼ一年がたっても基本方針が定まず、全国各地に避難した人たちは自主避難者を中心に、住宅や就労、就学などで厳しい状況に追い込まれていた。「暴言ツイッター報道」は、なぜ基本方針が決まらないのかの一端を明らかにした。

追及は続いた。

暴言ツイッターという一官僚の問題で終わることなく、被災者支援につながる「線量基準」の策定を意図的に先送りしていたことを突き止め、さらに原発事故の被災者支援が骨抜きにされた実態を解明していく。

日野記者の調査報道は、ナイフで何かをえぐり出すように鋭い。隠されていた事実を表に出し、問題の本質を詳らかにする。原発事故の被災者・被害に関する調査報道では、今や第一人者と言って良い。

途切れぬ報道の原動力は何か。調査報道の方法論や哲学はどうか。物静かで、しかし熱い言葉の数々を再現したい。

県民健康管理調査　取材過程

2011年	5月	福島県、県民健康管理調査の実施決定
2012年	4月	**日野さん、被ばく労働の集会で「放医研、外部被ばく線量測定ソフト沙汰止み」との情報キャッチ**
	5月2日	**放医研と福島県、県立医大に情報公開請求**
	6月13日	**福島県と県立医大が情報開示。27日には放医研も。開示の議事メモによって、県民健康管理調査の準備会で、県が放医研の線量ネット調査に反対したことが判明**
	6月21日	子ども・被災者生活支援法成立
	7月20日	**毎日新聞「線量ネット調査活用せず　「不安あおる」福島県反対で」と報道**
	9月11日	第8回秘密会・検討委員会開催「甲状腺がん患者1人見つかる」と発表
		この会議の模様を詳細に取材
	10月3日	**毎日新聞「秘密会で見解すりあわせ」と報道**
	10月5日	**毎日新聞「進行表（シナリオ）あった」と報道**
	10月9日	**毎日新聞「議事録が公開請求後に作成」と報道**
	11月20日	**毎日新聞「検討委、内部被ばく議論を当初削除。公開後に議事録追加」と報道**
	11月30日	福島県、担当部長ら4人を訓告処分。秘密会開催など不適切な行為で県民に不安と不信を与えたとの理由で

子ども・被災者生活支援法　取材過程

2012年	6月21日	子ども・被災者生活支援法が全会一致で成立
	12月16日	総選挙　自民党が民主党から政権奪還
2013年	1月28日	通常国会スタート。政府、支援法の基本方針示さず
	5月下旬	**日野さん、復興庁参事官の暴言ツイッター情報キャッチ**
		尾行で本人特定
	6月13日	**毎日新聞「復興庁幹部ツイッター暴言　支援策先送り示唆」報道**
	7月21日	参院選　自民大勝、衆参のねじれ解消
	8月1日	**毎日新聞報道。1面「被災者支援先送り密議　参院選後に」、社会面「被災者無視の時間稼ぎ」「線量基準の策定押し付け合い」**
	8月30日	復興庁、自主避難者らへの支援対象地域を33市町村に限定。支援法にうたう線量基準定めず

※日野さん著書、インタビュー、各種報道に基づく

原発に挑むスタートライン

●——日野さんは、いつごろからジャーナリストになりたいと考えていたんでしょうか？　大学時代からですか？

日野——最初は特捜検事になりたかったんです。リクルート事件[1]の影響がすごく、大きくて。中学生ぐらいでした。巨額のお金が動いて、その報道や事件によって社会のルールが動いて、すごく驚きを受けた。それを明らかにするのも大変なことなんだな、と。

リクルート事件は一九八八年です。朝日新聞横浜支局による調査報道がきっかけになって、その後、贈収賄事件につながった。実は、そういう流れは当時、知らなかったんですね。自分の中では、「自分で捜査して、隠されたものを暴く」という検事の仕事に関心があった。権力を使って取り調べができる検事が、すごく魅力的に思えたわけです。

●——では、法曹の世界に入ろうと？

日野——九州大学の法学部に入りましたが、最初の一年ちょっとで、「これは僕のやりたい世界じゃないな」と思いました。法律の解釈の話にどうしてもなじめなくて。そのうちに報道の仕事が自分のやりたいこととリンクしているような感じがしてきたんですよ。

僕は本ばかり読んでいたようなタイプですが、今まで人生で一番読み返したのは、山本博さんの「朝日新聞の『調査報道』——ジャーナリズムが追及した『政治家とカネ』」（小学館文庫）と

「追及――体験的調査報道」（悠飛社）。その二冊によって「こういう手法でこの話は世に出たんだ」と知りました。

●調査報道をしたいと思って、新聞記者を目指した？

日野――そこまでは考えてませんでした。僕は一回、就職浪人しているんですよ。就活二年目は、何が何でも社会人になんなきゃいけないと思って、ものすごく就職活動したんです。一般企業も六〇社ぐらい受けました。ただ、どうしても新聞記者を諦めきれなくて。二年目に毎日新聞だけが拾ってくれまして。

僕の父親は営業マンだったんですね。「いくらの仕事を取った」という話は、日常的に家庭の中で出ていた。「非常にやりがいがある」と父親は言うんですが、僕は、どうしてもそういう仕事に関心が持てなかった。もう一つ言えば、自分の関心、もしくは問題意識を持って、「隠されていることを暴ける」っていう仕事に魅力を感じていた。

でも、入社のときは「俺は特ダネ記者になるぞ」とか、そんなことは全く思っていなかったです。支局に配属される前も、実際に初任地に行ってからも、しばらくの間は将来の配属先の希望については「運動部ですかね」と言っていました。

●初任地の支局ではどんな取材を？

日野――初任地は滋賀県の大津市です。一九九九年四月から三年間いました。警察担当です。支局の次長（デスク）から何でもかんでも、ほんとに一時間に五、六回も呼び出し音が鳴るんじゃないかっていうぐらい、しょっちゅう電話がかかってくる。今の言葉で言ったら、「鬼電」って言うんでしょうか？　最初の一カ月で五キロも痩せました。

●――その頃から情報公開制度を使った取材を手掛けていたんでしょうか。

大津には有名なオンブズマンの方がいるんです。その方と先輩が親しくしていて、先輩は当時、警察や県庁の食糧費を対象に請求されていました。そういう中で、情報公開請求の制度については知りましたが、僕が頻繁に情報公開請求を手掛けたのは、大津支局の後。次の異動先の敦賀駐在（福井県）の時です。

許可量の一〇倍も埋めていた敦賀の産業廃棄物処分場に対して福井県庁がどういう監視、立ち入り調査をしていたのか。その文書を請求したら、「不存在」という回答でした。ところが、その処分場を巡って、業者と福井県は民事訴訟で争っていたんです。で、ごみ問題に詳しい弁護士さんのアドバイスなどもあって、知人と組んで今度は「裁判資料を出してほしい」と開示請求したら、「不存在」とされた公文書、つまり県の立ち入り検査の記録が出てきたわけです。

これ、おかしいでしょ？　記事は確か、社会面に掲載されました。「不存在文書あった」っていう見出しだった。

●――最初の不存在について、県に詰め寄ったりしましたか。「おかしいじゃないか」って。

日野――しました。でも結局、役人は何も言わないんですよ。後々、県の大幹部が「君、あれ、何で出たか知っている？」みたいなことを言ってきて。「知事が代わったから、単に、知事が『出せ』って言っただけなんだよ」って。情報公開請求って、結構、行政が恣意的に不存在を作っているんだと感じました。

●——ところで、開示請求の時、請求者の名前はどうしますか。仕事で請求するわけですから、当然、会社の名前で？

日野——三、四年前なんですけれど、ある役所の受付窓口で「毎日新聞社の代表者名で書け」って言ってきた。社長の名前。

でも、社長の名前で請求を出すと、「非開示」に対する異議申し立ての手続きが、結構厄介なんですよ。代表取締役の印を押さなきゃいけないとか。法律や条例の趣旨としては、その請求者が実在していて、ちゃんとその文書が届くっていう要件を満たしていればいいんです。だから、ずっと個人名で請求しています。住所は会社にしています。

請求に必要な手数料などは全部、取材経費です。過去、最高は一回で三、四万円だったような気がしますね。

●——話を戻します。日野さんにとって、敦賀駐在の経験がその後に大きな影響を与えたと聞いています。特に原発取材に関してです。

日野——敦賀駐在は記者一人で、上司は福井支局にいます。六〇キロぐらい離れているんですよ。

敦賀では、「全ての道は原発に続く」って記者の間で言われていたんです。社内でも希望者が多くて、全国で一番忙しい駐在なんじゃないかって言われているぐらい。原発に詳しい「原発記者」と言われる多くの人たちを輩出している駐在でもあるんですね。

僕は特に希望もしていなかったし、発令されてびっくりした。

何しろ課題が多いんですよ。原発は、福井県全域で一五基（当時）。小浜市の小浜通信部管内が八基、敦賀駐在管内が七基です。

小浜の八基は、高浜原発と大飯原発なんですね。メカニック的に言えば、八基ともPWR（加圧水型軽水炉）というタイプ。そして関西電力一社しかない。

敦賀の七基は、日本原電（日本原子力発電）のほか、当時は「核燃料サイクル開発機構」という名前だった日本原子力研究開発機構がある。そして、関電がある。

しかもタイプは多様でした。高速増殖炉の「もんじゅ」も新型転換炉の「ふげん」も、PWRもBWR（沸騰水型軽水炉）もあった。日本にある原発の四タイプ全部があったわけです。「もんじゅ」が運転再開するかどうか、敦賀三、四号機の増設計画はどうか、老朽化した美浜一、二号機を廃炉にするのか。そうした事柄がいっぱいあって、動きが激しかったのは敦賀のほうなんですよ。

●——敦賀駐在の前、原発の知識はありました？

日野——全くなかったです。

原発って、報道の切り口は無数にあるんですよね。新聞社で「原発をやりたい」って言うと、「じゃ、おまえ科学部な」となるのが普通です。それは違う、と僕は何となく思っていました。「じゃあ、エネルギー問題か。それなら経済部だな」って言われると、またそれも違うなあ、と。原発は地域社会の問題でもあるし、そうなると社会部かなあ、とか。

そうしたことは別にしても、敦賀で実感したのは、原発は国家機構の一部、しかもかなり暴力的な国家機構だということですね。

結局、何があっても止められないんですよ。何か大きな事故があっても、いろんなトラブルを隠したり、スキャンダラスなことやお金のことを隠したり、何をしていても、一度、動かすことが決まったら、止まらないんです。「もんじゅ」や日本原電の敦賀原発三、四号機の増設計画を巡る動きなどを取材していて、それを実感しましたね。

原発って、それを動かそうとする、進めようとする中核が見えない。玉ネギみたいな感じなんですよ。普通は政策を進めようとしたら、その中核、動機がちゃんと見えるはずなんですけど、原子力は、動機も見えない。消極的な動機は見えますよ。「一度決めたことはやる」という官僚機構のある種DNAみたいなものは見えるんですけれど、確信犯的な、積極的な動機って、なかなか見えないんですよ。

●──敦賀駐在のあと、どこに希望を出したんですか。

日野──東京本社の経済部です。電力会社、電事連(電気事業連合会)、経済産業省資源エネルギー庁を担当したいと思っていたんですね。でも、全く希望しなかった大阪本社の社会部に異動し、そこに七年間いました。

●──大阪時代は、原発取材は全くノータッチで?

日野──「大阪社会部兼科学環境部」という、辞令上はそうなっていた時期が五年ぐらいあったんですよ。科学環境部の名刺も持っているし、社会部の名刺も持っている時代。科学環境部の名刺で取材に行くと、「あ、科学部さんですか」となって、原発関連の取材先の対応が結構良くなる。

二〇一一年三月に東日本大震災と原発事故があって、そのときも大阪でした。地震の瞬間は裁判所の記者クラブの席にいました。結構、揺れたんですよ、大阪も。長いこと揺れているなと思ったら、テレビで速報が流れて。

大変だったのは翌日からですよね。もう呼び出しがかかって、「おまえ、原発好きだろ」と。それで、まず、原発の研究者に聞いて反応や反響をまとめる仕事を大阪本社でやりました。敦賀駐在の経験を持つ記者と何人かで、京都大学の原子炉実験所にいた小出裕章さんや今中哲二さんに電話して、「セシウムとは何か」「原発のどこが壊れたのか」とか、そういった話を取材して、記事や図を作る仕事していたんです。

福島原発の事故から一週間ぐらいして、「ちょっと東京行ってくれ」って言われました。原子力安全・保安院と東京電力で会見がずっと断続的に開かれており、東京に行ってからは「一日二四時間ずっと東電の中にいる」みたいな感じになってきて。午前三時に突然発表があったり。確か、一カ月ちょっとの間、応援で東京にいたと思います。

●──東京では主にどんな役割を?

日野──会見で東電などの当事者が言ったことをそのまんま記事にする。ほとんど、それで精いっぱいでした。

「じゃあ、これはどうなのか、あれはどうなのか」って疑問を持って調査報道する、そんな役割を与えられていたわけでもない。東電などのカバーは当番でしたから、言ってしまえば、コマの一つですよ。「この時間は日野」「じゃあ、この会見はおまえが出稿しろ」みたいな感じです。

「現場に行きたい」と思う余裕もなかったですね。そんなこと言い出せる状況でもないし。「ほかの記者だと無理だけれど、これ、自分だったらできるだろう」なんてことは、今もそうですけど、全く思ってない。それに原発事故特有のものがあるんですね。つまり、「現場ってどこなんだ?」という問題です。

一カ月少々の応援が終わり、大阪に戻りました。「原発事故に何か関わんなきゃ」とは思っていたので、「大阪で関われること、しかも現場があることは何か」と考えているうち、テーマとして挙がってきたのが、震災で出たがれき処理の問題だったんですね。でも、やはりもう少し中心でやりたいと思った。

大阪時代も細かい調査報道は結構やっていました。鉄鋼スラグの偽装リサイクルや医学部の裏口入学。まだまだできると思っていたのもある。そうした日々の中で「東京に行きたい」って思いながら、年が過ぎていた。

だから原発事故が起きて、「これは東京行かなきゃいけない。じゃないと記者として後悔する」と。そこで東京への異動願を出しました。

当時の僕は既に三六歳だったので、あと数年で現場記者の生活も多分終わりだろうと。だから、とにかく原発事故に何か携わって報道しなければ後悔するだろうと。早い人だと、四〇歳前で支局の次長になります。記者も、プロ野球選手と同じくらい現役は短い。異動願を出したらあっけなく通ったんですよ。それで東京に行き、本格的に原発事故を追うことになりました。

県民健康管理調査の闇を追う

●原発事故の中で、特にこのテーマを追いかけたい、という分野は最初からあったんですか。

日野——東京本社の社会部に異動になると、そこの「調査報道班」に入れてもらいました。望み通りに仕事ができる最高の待遇で迎えてもらえて、ほんとにありがたかったですね。

社会部には「遊軍」というチームもある。遊軍だと、実は仕事がいろいろ上から指示されるんですね。選挙があれば選挙の取材とか、誰かが亡くなったと言えば、その裏取りとか。事件・事故が起こると、結構その取材現場に投入もされます。

調査報道班では最初、被ばく労働をやろうかな、と思っていました。東京で被ばく労働の集会があって、顔を出しました。大阪時代から知り合いだった労働団体の職員が講演するので。被ばく労働に詳しく、ほとんど学者さんみたいな人です。そうしたら、「放医研（放射線医学総合研究所）という組織が事故の直後、住民が自分の浴びた線量を自動的に測れるソフトを開発して、インターネット上に公表しますってアナウンスしたのに、いつの間にか公表されなくて、結局沙汰止みになった。これは絶対、何か裏があるに違いない」と話しておられました。

●たくさんの聴衆がいる中でその話が出た？

日野——そうです。でも、その方は放医研ソフトの問題を一番伝えたいわけじゃなかった。「被ばく労働はひどい。本来、一年間で五〇ミリシーベルトの被ばく量しか認められてなかったのに二五〇ミリシーベルトまで引き上げられた。こんなの、ただ事故の汚染を追認しているだけだ」とか。それが彼の講演の本筋だったんです。

放医研の話は余談みたいにして触れていただけ。彼とはそれまで何回も会っていて、線量の話は聞いていたが、その話は知らなかった。講演後、彼をつかまえて「あれ、何ですか」って聞いたら、「俺が知っているのはここまでだ。要は、インターネット上で、『線量を自分で皆さん測れますよ』ってソフトがいったんアナウンスされたのに、公表されないままなくなっている」と。それで僕は、理由さえ分かれば、これは一面トップの話だな、って思ったんですね。

原発事故で多くの国民が一番関心を持ったのは、低線量被ばくへの評価だった、と思うんです。それは、自分の頭にもずっとあって。「被ばく労働から手掛けたい」と思ったのも、低線量被ばくへの関心がスタートラインになっているんです。「被ばく労働だけに限らず、住民の被ばくに関しても問題を広げられるかもしれない」と。その講演を聴いた時もそう思いました。講演があったのは二〇一二年四月。僕が東京に来てすぐでした。

●そのあと、取材をどう進めようと考えたのでしょう?

日野――講演で聴いた放医研の話と絡む情報源は、具体的に存在していたわけじゃなかったんです。放医研の所管官庁は文部科学省ですけど、文科省の中で「あの人に聞いたら全部分かる」という人がいたわけでもないし、放医研で「この人なら」という人がいたわけでもない。でも「下手したら一年、長くても二年の間に成果を挙げなければ、俺はもう、記者人生終わりだな」と思っていた。成果に対する焦りがありました。

まずは、インターネット上でいったん公表された情報を探し出して、そのうえで、その情報が記事になってないかどうかを調べました。ソフトの事前公表は二〇一一年五月です。その段階で、実はちっちゃい記事ですけど、日経とＮＨＫが報道していました。さらに情報を集めて、「このシステムは公表しません」というアナウンスがいつ行われたかを調べたら、二〇一一年の確か一二月だったんですね。

そのときの発表は「線量測定は県民健康管理調査[2]（現・県民健康調査）の中ですることになったので、このシステムはそちらに反映します」という短いものでした。そこで、初めて県民健康管理調査とつながったんです。

●――日野さんと言えば、「県民健康管理調査」の闇を暴く報道で知られています。その端緒に辿り着いたわけですね。

日野――僕は放医研と福島県、県立医大に対して情報公開請求をしました。「インターネット調査に関する記録全て」という感じで。下調べを始めて二週間ぐらい後だったと思います。二度ほど千葉にある放医研に行きました。文書を特定する作業が必要だったからです。

ただ、情報公開請求のとき、僕はあまり、文書を狭く特定したくない。特定したら、自分が出させたいと思っている公文書と違う文書が出てくる危険性があるからです。情報公開請求のやりとりは、結構、神経を使います。

僕の請求は、開示期限が来た時、開示を一回延長されました。かなり広い範囲で請求したからでしょう。そもそも、この手の問題で情報公開請求して延長されなかった記憶がないんですけどね。放医研では、期限延長のときに、広報担当の職員が「僕なりに調べた経緯を一枚のペーパーにまとめたので、お渡しします」って。

●──へえ。

日野──そのペーパーに、「県民健康管理調査の準備会が開かれて、その中でこれを公開しないことに決まった」って出ていたんです。放医研は、自分の判断でインターネット調査を取り下げたのではなく、この県民健康管理調査の準備会で、「やめろ」と言われて取り下げたんだな、って。それがこのペーパーで分かりました。その準備会が二〇一一年五月でした。

●──情報公開に基づく公文書が放医研から出るまで、具体的な取材を待ったんですか。

日野──待ちました。焦ってはいたんです。これを追い掛けてるメディアが、実は他にもあったんですよ。

●──どこですか。なぜ分かったのです?

日野──朝日新聞です。さっき言った、放医研の広報がまとめてくれたペーパーの中に、だいぶ前に朝日新聞から開示請求を受けたと書いてあって。ただ、朝日の開示請求からは時間が経過していたし、毎日が取材に動いていても朝日の記者が知らない限りは、急に何か書かれることはないだろうとも思いました。

二〇一二年六月下旬、放医研から開示範囲の結構広い資料が出てきました。で、その中に県民健康管理調査に関する議事録が入ってたんですね。

実はそれがその後問題になる、一回目の秘密会議なんです。その会合では、放医研が「インターネット上でこういうのをやりますってアナウンスしました」みたいなことを言ったら、福島県の職員たちからぼろかすに言われてる。そんな議事録です。

福島県と県立医大に対しても同時並行で情報公開請求していたので、県立医大からも同じような議事録が出てきた。「これでほぼ、準備会の内容について裏は取れたな。これでとりあえず一本は記事を書ける」と。大阪から東京に来て、社内でも僕のことをほとんど知らないわけですよ。しかも、調査報道班なんて日常的に記事が載るわけでもない。社内に居場所がないと感じていた状態でしたから、とにかくホッとしました。

●議事録は放医研、福島県立医大がそれぞれに作っていた？

日野――そうです。議事録というか、ほんとに簡単な議事メモです。ただし、「準備会で公開しないことを決定」「県民感情に配慮して」みたいなやりとりも書かれていて、それで「放医研を止めたのは福島県だ」と分かった。その頃、県民健康管理調査の過去記事をデータベースで検索してみると、朝日新聞は一年ほど前に一面トップで「県民健康管理調査の全貌判明」みたいな記事を書いていたんですね。その記事には準備会らしきことも少し触れている。ただ、朝日の記事は「科学的にどういうことを調べようとしているか」という視点であって、僕の関心とは違いました。

●重要な調査を決めるプロセスが隠されている。日野さんは、そのことが問題という意識を持っていたということですね。

日野――議事メモを読んでいて、放医研のインターネット調査が密室の会でいきなりつぶされたプロセスを知った時点で、「ああ、何かおかしいな」と。福島原発事故という世界史に残る事柄なのに、肝心な健康調査が福島県という一自治体に任されている。そのこと自体も変です。そして、それを決める経過がはっきりしない。そういった点から「異常だな」と何となく思いました。

●そのあと、どういう手順で取材を？

日野――実はこれ、情報源に関係があるんです。良心を持って話してくれた人がいるんですよ。県民健康管理調査とは何かを調べる過程で、この調査に深く関わる情報源と接触しました。

福島県の県民健康管理調査については、秘密会とは別に公開の委員会も確か七回やっていたんですね。二〇一二年六月の時点で。インターネット調査の取材を進めている中で、最初の「準備会」を知ったことは紹介しました。でも調査を始めるに当たっての準備会ですし、根回しぐらいだったらどこもやる。目くじら立てることでもないだろう、と思っていたんです。

ところが、その人は「違う」と。準備会のことを指して「秘密会」という言葉は使わなかったけれど、公開の委員会については「表の委員会」という言い方です。そして「毎回毎回、表の委員を全員集めて、『こういうことを話しましょう、ああいうことを話しましょう』って作戦会議を立てている」と。

県民健康管理調査の枠組みがまだできてない二〇一一年の頃は、「内部被ばくの調査はしないようにしましょう」と、その後一二年になると「こういう評価にしましょう」という感じで話し合いが行われていた、と。そういう証言です。「毎回、事前の打ち合わせで話し合って、公開の場で話す内容を決めているんだよ」という話を結構してくれました。

でも、その頃、まだ僕はぴんと来ていない。

●——ぴんと来なかった？　では、どんな情報を得て、ぴんと来たのでしょう？　つまり、科学的な見地とは別に、この県の調査は「隠蔽」にこそ問題があると、どういう取材によって気付いたんでしょう？

日野——県民健康管理調査に関する内部文書を入手しました。膨大な量です。読むのに一カ月ぐらいかかりました。それによって、構造が大体理解できました。ものすごい隠蔽の度合いだった。

例えば、三回目の秘密会のとき。

当時、福島県庁は、庁舎の隣の自治会館に機能が移っていて、報道各社も廊下みたいなところにボックスを構えている状態だったんです。その自治会館で三回目の秘密会を開く予定にしていたんですね。

ところが、そこに記者がたまっているから、県庁の職員は、これはもしかしてばれるかもしれないと思って、急きょ、秘密会の会場を駅前のホテルに変えて、メールで通知しているんです。それまでは、一週間前に秘密会をいったん開いて、すり合わせをしてから本番に臨んで、「いや、これは影響ありませんよ。この調査で大丈夫ですよ」っていう発表を公式にやっていたんです。しかし、一週間前の秘密会で資料を配ってしまったら、その資料が朝日新聞に漏れてしまった。それに対して、県庁の職員がすごい衝撃を受けた。で、どうしたかっていうと、公開委員会の直前に秘密会をやる方式に変えたんです。しかも、会場を変えたりする。

●——日野さんの著書「福島原発事故　県民健康管理調査の闇」（岩波新書）**を読むと、先ほどの内部告**

発者がキーマンだと感じました。なぜ、遠い東京にいる日野さんに協力してくれるようになったと思いますか。

日野――彼は私憤で協力していると最初は思っていた。でも、実際にはそうではなかった。「重要な決定に至るプロセスは、できるだけ表に出さなければいけない」という考え方の持ち主であることは、その後の付き合いで分かってきました。

●――**先ほどの著書では、第八回検討委員会の秘密会が開催された時の様子が再現されています。場所は県保健福祉部長室。秘密会の後、本会合へ移動する際のエレベーター内のやりとりまで詳細に報じていますね。**

日野――現場を押さえなきゃいけないと考えていました。でも、僕は秘密会の数日前、はしかで入院したんです。先輩記者に代わりに行ってもらうことになりました。

その頃は、取材しているのがばれたら県庁は間違いなく隠蔽工作を図るだろう、だから、「秘密会の現場を押さえるしかない」と思っていました。次回はいつ開かれるのか。事前の秘密会で何か記事になるようなことをしゃべるだろうか。その中身を取材できるのか。

そうした材料がないとしたら、記事にする以前の問題です。現場を押さえるまでは、ひたすら我慢です。

●――**話は少し脇道に入るかもしれませんが、同じ原発事故関連の調査報道で言えば、朝日新聞の「吉田調書」の報道**[3]**がありました。後に朝日新聞社自身が記事を取り消してしまいますが、あの報道では、実際に調書を読み込んだ記者は、報道の少し前まで二人だったと。二人の上司ら**

が事前に精読していないことが問題視されました。それと重ね合わせて考えたいのですが、日野さんは調査報道取材で得た情報や資料を社内でどこまで共有するのでしょうか。

日野――原稿の問題点は、複数の目で見た方が分かると思います。ただ同じ報道機関に所属しているからといって、同僚記者を無条件に信用できるのかといえば、答えは「ノー」だと思うんですよ。取材相手が隠蔽工作を図っていくリスクを少しでも減らしたい。僕はその考えを優先しますね。

少しずれますが、調査報道の社内研修で、僕が言うのは「次長(デスク)にすぐ相談するな」と。僕の体験上、よく分からない情報を相談して、「手間を掛けてでも何としてでもこれを記事にしよう」という方向で判断する次長は、かなりまれだと思います。こんな取材をやっていますと最初のころに言うと、「おまえ、そんなことより高校野球の取材に行けよ」とか言われてしまいます。要は、そんなリスクを冒すぐらいだったら日常的な、安全な取材をやれ、ということでしょう。だから僕、研修では「次長に相談や報告をする前に、まずは記者がとにかく考えて、調べまくって、『こういう話です。最低限ここまでの記事になります』という段階になってからはじめて次長に言え」と言っています。

●――話を県民健康管理調査に戻します。記事にできると確信できたのはどのタイミングですか。

日野――「これで行ける」と思ったのは、先ほど言った秘密会の現場を押さえた時です。当時は、被ばくの問題としては、甲状腺がんが一番焦点だったわけです。既に子どもの甲状腺がんの検査を始めていた。旧ソ連のチェルノブイリ原発事故の際、国際機関は「小児甲状腺がんの増加だけが因果関係がある被害だ」と認めていました。だから、福島原発の事故でも、甲状腺がんが増加するかどうか、ということが非常に焦点だった。

僕らが暴いた八回目の会議は、実は、子どもに甲状腺がんの一例目が出た直後に開かれたんですね。その一例目を発表する検討委員会直前の秘密会だった。一番タイムリーでした。

秘密会そのもの、公式の表の検討会、それから、表の検討会終了後の記者会見。この三つで何が話し合われたか、比較してみました。するとね、何を隠したいのか、それが全部分かるんですよ。

秘密会では最初、検査の責任者で福島県立医科大の教授が「チェルノブイリは四、五年で甲状腺がんが出ました」みたいに話して、ほかの委員たちが「じゃあ、これを表に出した上で因果関係はなかったってことを強調しましょう」、さらに別の委員が「質問に答える形にしたらどうか」みたいなことを話している。やらせみたいな芝居の相談をするわけです。特に異論も出ないんですね。

●——秘密会の中身が分かったことで、毎日新聞は「秘密会」の存在を記事にしたわけですね。ところで、再三登場する協力者というか、キーマンというか、鍵になる人を自分の側に引き込むために、どういうことに力を尽くしていますか。

日野——大阪時代に失敗した調査報道があります。内容は言えませんが、内部情報を持っていて、端緒をもたらした人が途中で逃げ出すパターンだった。途中で逃げ出すのは、考えてみれば当たり前なんです。記事になりそうになったら、記事になったらどうなるか。それを考えますしね。そしたら、自分が情報を記者に渡したと疑われる、その危険性も当然想像するでしょう。

「情報源が逃げ出す」には、一つ、連絡が取れなくなる形がある。あと、言っていることが前と違ってくる。あるいは、もらっている物（資料）とつじつまの合わないことを言い出す。そんな形ですね。

ささいな報道だったら、情報源が逃げても報道できると思うんですよ。ただ、社会でまかり通っている事柄を全部覆すような、つまり物事の本質をさらけ出して全てを引っ繰り返すような話は、恐らく、情報源と心中するような関係にならないと難しいんだろうな、と。そう思うんですよね。

●――情報源に負担を与え過ぎないためにどうするか。それについては？

日野――考えますよ。相手が今、何を考えているかについて、まず思い巡らす。そして、情報源に連絡し過ぎないこと。全部をその人に聞こうとしないことです。

調査報道の取材に取りかかる際、その問題に関して既に表に出ている情報は何か、報道されているものは何か、どこまで記事に載っているのか、僕は徹底的に探します。公になっている情報、記事になっている情報は、どこまでの範囲か。それをまず押さえる。

何日もかかります。一週間ぐらいかかるときもある。そうやって情報を集め、時系列を押さえ、エクセル（Excel）の表などにまとめます。その上で、つじつまの合ってない経過を見つけたり、隠していそうな事柄に目星を付けたりします。

●――それで、筋道が見えるわけですか？

日野――特に、原発事故はもう四年も取材しているので、取材相手の行動パターンはだいたい分かります。機関が違っても、ほんとに一緒なんですよ。役人のDNAか、みんな同じ所で教育を受けたのか、と思うぐらい。隠し方、アピールの仕方、文書の書き方、そういったものがほぼ一緒です。

例えば、クローズドの会議のときに、出席者の名前は隠さない。でも誰が何を言ったかは必ず隠す。もしくは、何を言ったか、何が会議に出たかは公表するけど、誰が言ったかは隠す。情報公開請求で開示された公文書でも、隠し方のパターンは二つか三つぐらいしかないんじゃないか。あとは、例えば、自主避難とか内部被ばくとか、一番センシティブで騒がれそうな事柄に関しては、丸ごと話し合っているテーマすら明かさない。でも、逆に見当がつくんですよ、「あ、これ、自主避難について話したな」とか。

●――公になっている情報を徹底的に調べる理由は、ほかにありますか。

日野――取材相手に対して、自分の問題意識を伝えやすくなるということでしょうね。例えば、公開されている議事録を見ると、内部被ばくに関して全く話し合われてない。それなのに、その会議では、内部被ばくの測定を実施しないことが決まっているとか。「それはどうしてですか」とか、問題意識を伝えやすくなります。

つまり、内部被ばくの測定をやらない、という決定は、表に出ているわけです。でも、公開されている会議の議事録だと、それについて何も書かれていない。なぜ、どうやって、何で、これが決まったんだろうか、と。そういう問題点を整理して、「これ、おかしくないですか。話し合ったことを、本来、オープンにして、『こういう議論を経て決まりました』ってやるのが民主主義のルールじゃないですか」みたいな、ごく当たり前のことを、自分の問題意識を伝えていきます。

そうすると、「そうなんだよ、これはおかしいんだよね」という話にもなり、取材の深化につながっていく。問題意識の共有ができるんです。

●――そうすると、調査報道の取材プロセスにおいて、情報公開請求の位置付けは？

日野――公文書が全て出てくるのが一番いいけれども、逆に隠されていても、その部分を特定する。現状はそんなひどい状態です。公文書がほとんど真っ黒に塗りつぶされて開示されても、です。相手の隠したいことを特定するための情報公開請求。それをやっている感じかもしれません。

調査報道の鍵は二番目の壁

●――日野さんが手掛けた別の報道に移りましょう。復興庁の幹部職員が個人のツイッター上で、「国家公務員」を名乗り、国会議員や市民団体を中傷するツイートを繰り返していた。それを報じたことがありますね。あの記事の取材プロセスを尋ねてもいいでしょうか。

日野――はい。あれは原発問題に関わっている知り合いから、まず連絡がありました。それが端緒ですね。「こんなツイッターの書き込みがあって、これ、水野靖久っていう参事官が書いてると思われるんだけど、匿名で書いてるからどうしたらいい？」みたいな話でした。

仮にそれをそのまま報道したら、「官僚と思われるAさんが、こういうツイッターをしています。ネット上で話題です」みたいな記事にしかならないですよね？　だから、何としてでも実名を出したかった。そのためにはどうしたらいいか、と。それで当の職員を尾行して、ツイッターをやっている当人だと認めさせて、その証拠を復興庁に突き付けました。すると、復興庁は「処分する」と。処分すると言うから、通常の公務員の処分原稿と同じように実名で記事にしたわけです。

●尾行、ですか。

日野――一週間ぐらいやりましたね。回数で言えば、五、六回だったかな。復興庁（当時）の出口には裏口と表口があって。でも、「ツイッターの通り、地下鉄の駅だったら、溜池山王駅を使うだろうから、こっちで張っていればいいかな」と思って、裏口の狭い道のマージャン屋の前で張っていました。マージャン屋からちょっと出てきて携帯をいじっている風を装って、夕方待っていたんです。待ち始めて三〇分ぐらいで、当人が出てきた。特徴のある顔立ちなので、すぐに分かりました。

●顔は、どうやって調べたんですか。

日野――僕は一回見たことあったんですよ。二〇一二年の秋ごろです。自主避難者の院内集会があって、一回のぞいてみようと行ったら、彼がいたんですよ。民主党政権のときです。「皆さんとともに頑張りますので、よろしくお願いします」という感じで発言し、すごく愛想のいい方だった。ところが、ユーチューブ（YouTube）で自民党政権になってから集会に出てきた彼の様子を見たら、上から目線で。国会議員に対しても「何でそんなばかなこと言ってんだよ」みたいな感じです。あくまで僕の印象ですが、様変わりしていました。

　ちょうどそのときのツイッターを見たら、「国会議員相手に失礼なことを言ってしまった。まあ、いいか」みたいなことが書いてあって。

●——**尾行したとしても、彼が暴言ツイッターの当事者であることを特定するのは、また別の取材が必要なはずです。**

日野——本人じゃないと知り得ない事実をツイッターに投稿する機会はないか、それを狙っていました。「成り済まし」では、この投稿はできない。そういう内容を確認したい。それを僕の目で確かめれば、証拠として突き付けることができるんじゃないか、と。

●——**決定的な場面があった？**

日野——ありました。引っ越しです。実は尾行している間に、彼は東京都北区の官舎から引っ越したんですよ。ツイッター上で、彼は「ニンジャライダー」という名前を使っていました。その彼が北区在住で赤羽近辺に住んでいることは、過去のツイッターを見ていたら分かるんです。近辺の飲み屋の話が頻繁に出てくるんですね。船橋市の副市長を経験したことも書き込んでいる。官舎住まいってことも書いている。

　つまり、「ニンジャライダー」は基本、彼以外にあり得ないんですけど、これだけだとまだ弱いんですよ。本人しか知り得ない情報が必要。それでさらにツイッターを丹念に見ていたら、その時点で一週間ぐらい先に引っ越す予定、と載っていました。

　それで、その土日が引っ越し予定だな、と思って。

●――なるほど。

日野――土曜日にずっと彼の官舎、あんまりはっきり見えない場所からですけど、官舎の前で張っていたんです。そしたら引っ越しの様子が見えた。ただ、引っ越しトラックの行き先までは追い切れなくて、新しい住まいは見つけられなかった。また振り出しかなあ、と思って。

それでまた、復興庁の裏で待った。彼はサッカーファンなので、日本代表の試合がある日を狙ったんですよ。試合のある日は必ずテレビを見ているので、早く帰る。時々、「被弾」(国会議員から質問通告を受けること)して遅くまで残ることもありましたが。

で、その日は出てきました。オーストラリアかどこかの国との代表の試合の日です。彼は結構早く庁舎から出てきて。溜池山王の駅までは前と一緒でした。そこからは行き先が変わったんです。南北線の飯田橋駅で降り、都営大江戸線に乗り換え、前の官舎とは違う駅で降りたんです。その先は新築マンション。「あ、ここだ」と。

尾行の時は相手のかばんを見ています。顔を見たら危ない。尾行は、大阪の検察担当のときによくやりましたね。被疑者か参考人がいて、その関係者が出てきて追い掛けて、「今日、何聴かれましたか」って聞いたりとか。検事の部屋のライトが消えたら、検事の官舎もしくは家がどこなのかを突き止めるために尾行したり。

●――**引っ越しを目撃し、その職員が暴言ツイッターの主だと確信できた。そのあとはどうしましたか。**

日野――彼は、新宿区内に引っ越した、とツイッター上に書いたんですね。新築マンションは新宿区でした。ここまでの取材で「いけるかな」とも思ったんですけど、もうちょっと確定的な情報が欲しいと思いました。

その頃になると、彼のツイッターをスマホで一日二〇回ぐらい見ていました。ほとんどストーカー状態かもしれません。僕の趣味はジョギングなんですが、ある時、走った後でツイッターを見ていたら、「あ」と思って。彼は「ニンジャライダー」と名乗っているようにバイクが趣味なんですね。「バイクで今から久々のツーリング」とつぶやいていた。

「やった」と思って、急いで会社に連絡し、ハイヤーを手配して、彼のマンションの前で張りました。彼は夕方五時ぐらいに帰ってきたんです。で、ニンジャというバイクを押して地下の車庫に入っていく。そこを動画で撮影しました。

●――その後、直撃取材を？

日野――彼の自宅最寄り駅の改札を出た所で直接取材しました。

四カ所考えたんですよ。復興庁を出た所、溜池山王の駅、自宅最寄り駅、自宅前。どこが一番逃げられないか。それを考えました。さらに、もしかしたら「俺がやっているんだよ。でもちゃんと説明するからさ」ってなった場合のことも考えると、復興庁の役人がいる復興庁前と溜池山王駅は、取材場所としてあり得ないな、と。ちゃんとしゃべったら、その場合、すぐ記事にはせず、とにかく彼の言い分を聞かなきゃいけないですから。

そう考えると、家の前も良くない。逃げ込まれる危険性も高い。選択肢を消去法でいって、自宅最寄り駅しかないと思ったんです。

●――そこでずっと待っていた？

日野――改札口で三時間ぐらい待ちました。

●――そして？

日野――改札から出てきた本人に「水野さんですよね」って。そんなに時間はないと思っていたので、「ニンジャライダーってツイッターやってますよね？」ってすぐに言って。その瞬間、彼の表情が変わりましたね。それまで彼は敬語だったんですけど、「何だよ、おまえ。あっち行けよ。広報行けよ」みたいにがらっと言葉遣いが変わり、乱暴になりました。

その瞬間、誠実な説明が得られるとは思わなかったんです。家に逃げるまでの間に、記事にするためだけの質問をぶつけて、「ちゃんと僕は誠実に質問しましたよ」っていうことをICレコーダーに録音するしかないと。

●――最初からICレコーダーを録音状態にしていたわけですね？

日野――もちろん。二つ回してました。「ちゃんと説明するから、ちょっとそれ下げてくれよ」って言われたら、目の前に差し出した一台のスイッチを切って、もう一つで録音する。

●――どんな質問をぶつけたのですか。

日野――ツイッターに書いた「うそつき大臣」って、誰々のことですかとか、「左翼のくそ」って、あのときの集会のこの人たちのことですかとか。「これって、復興庁にはちゃんと届け出てるんですか」とか。五、六問ぐらいでした。でも、全く回答になってなかった。

●――やったとは認めたんですね？

日野――個人でやってる、と。「個人でやってるんだったら、今、答えてくださいよ」って尋ねたら、「だから、広報行けって言ってんだろ」って。「だって、あなたは個人でやってるんでしょう」とか、ほとんど堂々巡りです。

途中で「あなた、ニンジャライダーやってますよね」って言ったら、「人違いじゃないですか」って否認に転じたりもしました。「いや、あなたのツイートだっていう証拠がありますよ」と言ったら、「どこに証拠があるんだ」って。それで「あなた、おととい、ツーリング行ってますよね」って言ったら表情が変わって。「大体、何で、おまえ、家、分かるんだよ」って言い出して。

で、走り出して、地上に出たらタクシーに乗ってどっかに立ち去りました。一五分後にツイッターは全部消されていました。

●――参事官のツイートは、日野さんが保存していたのですか。

日野――いや、僕、そんなIT詳しくないので、最初にこの情報を教えてくれた人に、「全部保存しておいてください」と頼んでいました。プリントアウトしてくれて。復興庁に持っていくときのために、です。

その後、復興庁で広報に取材するときは、どの時間帯にするかで少し考えた。相手がぐだぐだ言って時間切れになるのがちょっと怖かったので、翌日の午前中にしました。

最初、人事の担当者に「重大な案件がある」と連絡して、復興庁へ行ってからツイッターのプリントアウトを束にして。「復興庁の参事官が、こんなツイッターしてますよ」と言ったら、完全に顔色が変わりました。「え？　ちょっと待ってください」と言われ、広報の担当参事官がすっ飛んできました。「重大な案件なのは分かりましたので、取りあえず時間をください。役人的で申し訳ないんですけど、質問状を書いてくれませんか」って。こっちは好都合だった。質問状を要求されたからには、質問状に対して回答するまでは、恐らく発表しないだろう、と。

で、会社に帰って、昼過ぎに急いで質問状を出し、夕方の五時ちょうどぐらいに広報から電話がかかってきました。「処分します。お察しください。もう大臣まで話も上げています。本人は自分が書いたことを認めています」と。それで、これはいける、実名で書こうと。

●――暴言ツイッターの報道からは、子ども・被災者生活支援法[4]の理念が骨抜きにされた実態に迫る調査報道に発展しました。支援法の問題に取材を広げようと思ったきっかけは？

日野――素直に言うと、ネタに困っていた。それは、悪いことじゃないと思っているんです。僕はいつも「原発事故」っていうテーマを山に例えています。県民健康管理調査は一つの登山ルートで、いったん僕は登ったと思っているんです。健康影響の評価を歪めている、という為政者側の真意を暴いたという意味で。この登山ルートの周りをさらに書いていくやり方もあるとは思うんですよ。
でも、自分が期待されていることは、別の登山ルートをやることだろうな、と思った。だから当時は、次の登山ルートはどこかな、と探っていたところがあったんですね。で、ツイッターの内容をよく見たら「宝の山だよな」と。為政者の真意が、ぽろぽろぽろぽろ入っている。

●――為政者の真意がツイッターの中にあった。

日野——例えば、「今日は某政党本部にビールを入れるのが僕の仕事だ」みたいな。これは自民党の（東日本大震災）復興加速化本部のことでしょう。大物政治家の所に復興庁の大幹部が通って、賠償や支援の打ち切りを自民党・公明党の名前で出させるために交渉していたわけですよ。そういう裏側がぼろぼろ入ってるわけですよね。それを一個人のツイッター問題にしてしまえば、「不届きな役人が、こんなことをしていました」で終わってしまう。

そうじゃなくて、今まで自分が取材してきたのと同じ原発事故の処理の問題、プロセスが隠されたまま、一方的に被災者にしわ寄せが押し付けられている。それこそが問題なんだと、あのツイッター見て直感した。だから一連のツイッターを基にして、支援法、自主避難者という登山ルートを登り、その全体像を書きたいな、と。

●調査報道って、「端緒」がすごく大切ですよね。

日野——僕は、二番目の壁を破れるかどうかだと思っています。県民健康管理調査の取材で言うと、最初に放医研のインターネット調査が中止になった話を聞いて、「一面トップ記事を一回は書けるな」と思った。ところが、その取材の過程で内部関係者に接触できて、かつ内実のほぼ全容を彼から明かされたわけです。つまり、放医研の話にとどまらず、そこで壁を破って「秘密会」の報道ができたわけです。そこが二番目の壁なんですよ。

暴言ツイッターの例で言うと、ツイッターの取材を完結するまでが、一種の端緒なんですよ。暴言ツイッター関連の取材をきっかけにして、自主避難者の支援の裏側がどうなっているのか、支援法はどうやって骨抜きにされたといった方向に取材を広げていく。そこの壁、つまり二番目の壁を破らないと、調査報道にならないと思ってるんです。

それと調査報道の取材対象について言えば、大事なことは、やっぱり決定に至るプロセスを取材で見ていくことだと思う。

例えば、「原発避難を早く終わらせよう」、そして「賠償や支援を早く片付けよう」ってことは、為政者の側には最初から結論があるわけですよ。結論があって、その結論は国民に納得されない、ということも為政者は分かっている。だからこそ、その結論に至るまでのプロセスを全て隠すわけですよ。逆に言えば、隠す裏では、一方的な押し付けがある。これって何を壊しているのかなって思ったら、やっぱり民主主義だと思うんです。

●——**「隠す」ということは政策形成のプロセスに国民を介在させない、ということですよね。国民は結論だけ知ればいい、それに従えばいい、と。**

日野——そうなんですよ。政府の決定を一方的に受忍しろ、って話だと思ってます。だから、調査報道で登るべき登山ルートはあちこちにいっぱいある。ルートは違っていても、恐らく全て同じ構図だと思うんです。

大阪にいる頃は、単発で調査報道の記事を書いて、「ヒット・アンド・アウェーだな。良くないな」って思っていました。こんなしつこくやっているのは、この問題だけです。恐れないことは大事かもしれません。

それから本を書いたのは大きかった。本を一冊書くには、問題の全貌を明らかにしなきゃいけない。点の成果では満たされなくなる。「とにかく丸ごと全貌を明らかにしよう」っていう意識は、本を書いてからすごく出てきた気がします。丸ごと問題をえぐり出す意識は、結構必要かもしれない。

会社の中での立場とか進む道とか、それはもう考えないようにしています。多分、そんな余計なことを考えていると、おびえとか恐れとか、そういったものが出てくるような気がするので。立場のことは一切考えないで、一年一年です。おこがましいですが、広島東洋カープの黒田博樹投手みたいに、今年が最後だと思って毎年やっています。いつまで続けられるのか、って。去年は「今年で最後だろうな」と思っていたのに一年延命した。また今年も「今年が最後」と思ってやるだけですね。

原発事故って、やっぱり時間軸が大きいと思うんです。放射性物質の半減期の問題もある。何十年っていう話を報道機関でやっていくのは、なかなか難しい。マスメディアと言っても会社組織ですしね。「おまえは、ずっと原発事故をやればいい」と言ってくれるようなポジションを、どの会社もつくるとは思えないし。新聞社という組織が今のかたちである限りは、この問題と長く向き合うのは相当難しいと思います。

●——**メディアはテーマ取材をやってないですもんね。役所とか、取材先の部署ごと形に合わせ、新聞社もそれに張り付く体制を長く続けています。**

日野——そうなんですよ。役所の線引き、縦割りによって、弊害はもちろんあるんですけど、環境省担当だから科学部とか、経産省担当だから経済部とか、結局、そんな線引きで取材できる問題じゃないんですよね、原発事故は。

相手は各省庁の課長たちが集まって、どういうふうにごまかそうかと、ずっと会議しているわけです。なのに、新聞社は、部が違えばまるっきりやりとりがない。となれば、「一人の記者が丸ごと報道するしかない」っていうように多分なると思うんです。

現状では、自分がやり続けるしかないのかな、と。ちょっと暗い気分になりますけどね。こんなことがいつまで続くんだろう、と。ぐるぐる周回しているマラソンで、自分が先頭なのか最後尾なのかよく分かんない。そういう気持ちもありますね。原発はやっぱり権力そのもの、国家そのものだと思っているので、国家を取材するって、どういうことなのかな、と。

●――「権力」という言葉を使われましたが、権力とは何でしょうか。

日野――原発事故に関して言えば、被害を被った人々、事故に関係する人たちに対し、被害を受忍させることなんだと思います。あるいは受忍させようとする人々。それが権力です。「受忍」というキーワードが、最近、自分の頭の中に浮かんできますね。

戦争をずっと取材している栗原俊雄さんという記者が毎日新聞の学芸部にいるんですけど、栗原さんは「国家の地金」という言い方をされているんですよ。受忍させること、「民を棄てる」というのが戦争の後処理と同じだと。空襲の被害者だったり、満州に放置された満蒙開拓団だったり、シベリア抑留だったり、苦しい思いをしても、国民みんな同じだから受け入れなさいって強制するのは、国家の地金だって、栗原さんは書いているんですね。僕の原発取材もその影響を結構受けています。

［用語解説］

1—リクルート事件

一九八八年六月、朝日新聞の横浜、川崎の両支局記者が、川崎市助役へリクルートコスモス社（当時）の未公開株が駅前再開発に絡んで譲渡されていたことをスクープ。朝日新聞横浜支局のデスクだった山本博（故人）が指揮を取った調査報道で、日本の調査報道の金字塔と言われる。未公開株の譲渡は政界にも及んでおり、購入資金をリクルート関連会社から融資してもらったケースもあった。当時はバブル絶頂期。一般人には入手困難だった同社の未開株は公開と同時に急騰し、多くの要人が自己資金を一切使わずに巨額の売却益を手にした。また同社株は官僚や新聞社社長らに渡っていたことも発覚。東京地検特捜部が贈収賄事件として捜査。竹下内閣崩壊につながる政財官界スキャンダルに発展した。

2—県民健康管理調査

原発事故を受けて福島県が約二〇〇万人の全県民を対象に実施。「基本調査」と「詳細調査」がある。基本調査は全県民が対象で、事故後四カ月の行動記録を書き込む問診票を県民に配布し、返送された問診票をもとに、外部被ばく線量を推定する。詳細調査は①事故時一八歳以下の約三六万人を対象にした「甲状腺検査」②避難地域の住民らを対象にした「健康診査」③こころの健康度・生活習慣に関する調査④妊産婦を対象にした調査—がある。

3—朝日新聞の「吉田調書」の報道

朝日新聞は二〇一四年五月、福島第一原発の吉田昌郎所長（故人）が政府事故調の聴取に応じた際の「聴取結果書」（通称吉田調書）を入手し、「所長命令に違反　原発撤退」と報じた。のちに他の報道機関も「吉田調書」を入手し、「所長命令に違反」とする朝日の報道内容を否定する報道をした。さらに他メディアなどは「朝日は誤報」とする報道を強化。同年九月、政府は吉田調書を正式に公開、朝日新聞は社長らによる記者会見を開き、記事を誤報扱いとして取り消し、謝罪した。

4―子ども・被災者生活支援法

二〇一二年六月に議員立法で成立した。放射線が健康に及ぼす影響が十分に解明されていないため、被災者が自らの意思で「居住する権利」「避難する権利」「帰還する権利」を認めた上で、いずれを選んでも国が健康保持、就労などで支援するとした点が特徴。支援法は対象地域を、「放射線量が避難指示(強制避難)基準の年間放射線量二〇ミリシーベルトを下回っているが、一定基準以上ある地域」と定めたが、この一定基準が決まらず、支援が自主避難者らに十分に行き届かなかった。

萩原豊氏（TBS）に聞く

「なぜ原発事故の現場に行かねばならないか」諦めず上層部を説得　組織として筋を通す調査報道に必要な胆力とは

萩原豊（はぎはら・ゆたか）

一九六七年、長野県生まれ。東京大学卒。一九九一年、TBSに入社。社会部で警視庁、文部省（現・文部科学省）などを担当し、報道番組「報道特集」「筑紫哲也NEWS23」のディレクターを経てロンドン支局長。現在は「NEWS23」番組プロデューサー兼編集長。チェルノブイリ原発事故から一〇年を描いたドキュメンタリーや、特別番組「ヒロシマ～あの時原爆投下は止められた」（文化庁芸術祭大賞）などを手掛けた。二〇一一年三月、東京電力福島第一原発事故直後から福島県で取材。会社の許可を得た上で、第一原発から四〇キロ、三〇キロ圏内に入り、報道を続けた。

二〇一六年三月一〇日。東日本大震災発生から五年を前に、TBSの報道番組「NEWS23」は、放送時間を拡大して特集「原発事故5年　東日本壊滅の危機があった」を放送した。

放送前に番組ホームページに掲載された番組予告動画。そこには、動画とともに短い紹介文があった。

世界最悪レベルとなった東京電力・福島第一原発事故。5年目となった今、ようやく事故の真相が明らかになりつつあります。独自の取材や膨大な事故調査から、私たちは、5つの「なぜ」を解いていきます。そのなかで、あの事故からの「教訓」を得ようという番組です。

再生ボタンを押すと、原発事故直後に行われた東京電力の会見が映し出された。画面中央には武藤栄副社長（当時）。次の瞬間、東電社員と思われる男性が後ろから武藤副社長に耳打ちした。「この二つの言葉は絶対に使うな、と」。テレビのマイクは耳打ちの言葉をはっきりと録音し、映像でもはっきりと再生されていた。

果たして、その言葉は何を意味するのか。番組は、当時の映像などをもとに原発事故を検証。政治家や東電幹部らに取材を重ね、「メルトダウン公表の真相」に迫る。

番組制作の指揮を執ったのは、「NEWS23」プロデューサーの萩原豊記者だ。この番組の前身「筑紫哲也　NEWS23」から同報道番組の取材、制作に携わってきたベテランである。

二〇一一年三月一一日午後二時四六分。萩原記者は、東京・赤坂にあるTBS本社二階で激しい揺れを体感する。宮城県は震度七。地震の規模を示すマグニチュード九・〇。日本の観測史上最大規模の地震だった。

翌三月一二日には福島第一原発の一号機が爆発。一四日には三号機でも爆発が起き、原子炉建屋上部が吹き飛んだ。それと同時に、多量の放射性物質が空気中に放出された。

萩原記者は地震発生の直後から取材に動いた。地震発生から約三〇分後には「東北へ向かう」と言い残し、車で会社を飛び出す。同乗者は、ハンドルを握るドライバー、ディレクター、カメラマン、音声。四人は途中交代したが、萩原記者は四月二日まで東京には戻らなかった。

約一カ月間にわたって行ったのは、原発事故の取材だ。それは、日本で「唯一の取材」と言えた。

原発の爆発後、各新聞社やテレビ局は「記者の安全管理」などを理由とし、第一原発に近づかないよう命じた。TBS系列のJNN(ジャパン・ニュース・ネットワーク)も三月一三日、取材上のルールを作成。「第一原発に関しては半径四〇キロ、第二原発に関しては半径二〇キロ圏内に立ち入っての取材をしない」とする取り決めを行う。キー局のTBSはじめ、全国の系列会社に対して、ルールの徹底を求めた。

だが、萩原記者はこの取り決めに対して、上司と意見を闘わせる。そして、議論の結果、JNNは「例外規定」を追加。萩原記者、テレビクルーの計五人は、正式に会社の許可を取り、避難指示区域に入って、取材活動を行った。

「原発報道は、日本のマスコミの敗戦」と言う人がいる。避難指示区域から記者がいなくなったことを指し、「全テレビ、全新聞社が逃げた」と言う人もいる。だが、それは間違いである。

避難指示区域に入って、取材した記者も、カメラマンも、音声マンもいた。

なぜ、避難指示区域へと向かったのか。そして、いかにして取材を続けたのか。原発事故直後から約一カ月にわたって「現場」で取材を続けた萩原記者に聞いた。

福島第1原発事故　取材過程

2011年3月11日	14時46分	東日本大震災発生
	15時40分	1～5号機　全交流電源喪失
		この頃、萩原さんら「NEWS23」取材班被災地へ出発
	19時3分	菅直人首相、原子力緊急事態宣言
	21時23分	政府が原発3キロ圏内に避難指示
12日	0時49分	1号機の原子炉格納容器圧力が異常上昇
	5時44分	避難指示が10キロ圏内に拡大
	10時17分	1号機でベント開始
	15時36分	1号機水素爆発
	18時25分	避難指示が20キロ圏内に拡大
	夕刻	**萩原さんら福島到着。夜には「90人全員が除染の必要がある被ばくをした可能性」と中継**
13日	5時10分	3号機、原子炉の冷却機能全て喪失
	8時41分	3号機でベント開始。その後、2号機でも
	夜	**萩原さん「これは単なる汚染ではなく、被ばくです」と中継。自衛隊ヘリで双葉町から避難した人たちを取材して。この日、TBS系JNN決定「第1原発から40キロ圏内、第2原発から20キロ圏内には取材で立ち入らず」**
14日	11時1分	3号機水素爆発
	22時50分	2号機で原子炉格納容器圧力が異常上昇
15日	6時	2号機で衝撃音、4号機水素爆発
	11時	原発20～30キロ圏内に屋内退避指示
18日		**萩原さん、クルーに「30キロ圏内に入る必要ある」と理解求める**
21日		**JNN、30キロ圏内の取材許可**
22日		**萩原さんら30キロ圏内の南相馬市へ。事故後メディアで初めて**
		官房長官、飯舘村など30キロ圏外でも放射性ヨウ素100ミリシーベルト超と発表
30日		国際原子力機関「飯舘村が避難基準超えた」
		萩原さんら飯舘村取材

※萩原さんへのインタビュー、各種報道に基づく

揺れの後、ただちに東北へ

●──**二〇一一年三月一一日午後二時四六分**（**東日本大震災の発生時刻**）**のとき、どこで何をされていましたか。**

萩原──TBSの本社に居て、取材から戻ってきたときです。二階のスタッフルームに居ました。

激しい揺れで、これは大変なことが起きたな、と。一斉にセンターテーブルに…。二階全体が報道局ですけど、中央に「センターテーブル」と言うのがあって、そこに機能が集中するわけです。オンエアに向けて出稿部の機能が集中している。そこに、だーっと人が集まってきて、これからどうするのか、特番態勢になっていくわけです。「じゃあ、出よう」と言って、それですぐカメラクルーを手配して。

●──**それは、萩原さんが？**

萩原──ええ。「NEWS23」の編集長兼特集キャスターという役割でしたので、「じゃあ、もう出よう」と。「23のスタッフとして行く」と。

●──**その時点では、何が起きているか分かってないわけでしょう。**

萩原──分かってないですね。ただ「震度七」。これは大変なことになるぞ、と。

●──**どうやって出たんですか。誰と？**

萩原──車です。ディレクター一人とカメラマンと音声マンの四人。あと、ドライバーさん。五人で出ました。もう特別番組になっているので、「とにかく東北に向かう」と。

●**出発は何時頃ですか。覚えていますか。**

萩原――一五時半までには出たと思います。（茨城県の）大洗に着いたのが二五時ぐらいじゃないですかね。大洗では、「今、大洗では川が逆流して、停電が起きている」と中継で現状報告して。それでさらに北に向かって進みました。

●**ラジオか何かを付けっぱなしで走り回ったんですか。**

萩原――はい。でも、大変な渋滞で、結局、何時だろう…。多分、翌一二日の一三時、一四時に、ちょうど福島県から宮城県に入る手前ぐらいで会社から電話がかかってきて。

●**福島県から宮城県って、福島は通過した？**

萩原――通過しそうになっていました。国道を走っていたんです。渋滞でなかなか進まなくて。で、「原発がおかしいよ、萩原」と、同期の別の編集長から電話が入った。チェルノブイリを二度取材した経験もあり、核問題は自分のテーマでもあったので、「原発がおかしいなら、俺が原発を取材する」と。多分、一二日の一四時とか一五時でした。

●**一二日一五時三六分に（一号機の原子炉建屋で）爆発が発生します。その直前ぐらいということですか。**

萩原――そうですね。福島県庁の別館二階に災害対策本部ができていたので、そちらに向かいました。

●**その日にもう福島から中継を？**

萩原――中継しています。県の担当者と東京電福島事務所の人が入れ替わりで会見していくんですね。

別館二階の災害対策本部前の廊下で。そこに、中継カメラを入れて。他社は、もうENG（エレクトロニック・ニュース・ギャザリング／撮影隊）をそろえていたのかな。新聞社の記者もかなりの数が集まって。そういう状況で、会見が一二日から次々と繰り返されていった。

●——**一二日の夜と言うと、もう報道も完全に原発シフトですね。**

萩原——そうです、全体的に。

●——**福島からは「被ばく」についても報道されていますよね。**

萩原——はい。（福島県双葉郡）双葉町から逃げてこられた人たちをガイガーカウンターで測ったところ、そのうち三人の衣服からかなり高い数値の放射性物質が検出された、と発表されました。明らかに放射性物質にさらされているわけだから、中継では「被ばくをした」という言い方をしたんです。そうしたら、東京の専門家が反発したようで。スタジオにいた専門家です。東京大学の特任教授が、「あれは、放射線物質が衣服に付着したものである。だから、『被ばく』という言い方は正しくありません。汚染された」と。

●——**東京のスタジオの音声が福島で聞こえたわけですか。**

萩原——あとで聞いたんです。ですから、翌日の中継では、「専門家のなかには、『被ばく』よりも『汚染』という言葉を好む人もいますが、実際に、市民の方は頭皮や手など人体が放射線にさらされたことは明らかです。現場では、単なる『汚染』ではなく『被ばく』ととらえています」と伝えました。

「被ばく」「炉心溶融」迷いつつも中継で明言

●——**番組で話す原稿は、中継の前に書いているんですよね？**　迷わず、「被ばく」と書いたんですか？

萩原——書きました。

●——**会見でも？**

萩原——（東電側は）使ってないです。あの頃は、「付着」とか「汚染」という言葉を使っていました。衣服が汚染されている、と。

●——**「被ばく」っていう言葉を使う際、逡巡はなかったんですか。**

萩原——明らかに人の体が放射線にさらされていたので、「被ばく」を使うこと自体に迷いはそれほどなかったのですが、事故の「可能性」について、どこまで踏み込んでいいのかについては、自問自答を繰り返していました。

「福島とチェルノブイリを重ねてはならない。不安を煽ることになるかもしれない」「パニックになるようなことは言ってはいけない」と。でも一方で、「本当にチェルノブイリにはなり得ないのか？」と。日本全体が、原発がどうなるのかという、緊張状態にあったと思います。テレビは同時に数百万人に届く。そのときは、自分の報道によってどんな影響が及ぶのか、かなり、悩み、迷い、考えながらの放送でした。

●——踏み込み過ぎでパニックにしちゃいけない、と？

萩原——あのときは、「チェルノブイリ級であるかどうか」が一番の関心でした。チェルノブイリのような事故になるのではないか、実際、もうなっているのではないか。チェルノブイリ事故では、発生後の数日間、当局からきちっとした発表がなかった。それで対策も避難も後手、後手になって、ある日、一〇〇〇台というバスが用意されて、周辺に住む全住民の避難になったわけです。

福島からの中継では、「私は、チェルノブイリ事故の現場を一〇年後、二〇年後の二回、取材をした経験がありますが、情報の遅れによって被害が拡大したという経緯があります」という話をしたんです。ここで「チェルノブイリ」という言葉を使っただけで、福島とチェルノブイリを並べることになる。

今だと当たり前のように並べることはできるけれども、当時、「チェルノブイリ」という言葉を出すことにも、かなり悩みました。

●——チェルノブイリについても、しゃべったんですね？

萩原——話しました。「正確な情報に基づいた冷静な対応はもちろんですが、先手、先手で、対策を立てる必要性も強く感じます」と。

●——福島の取材に入るときも、頭の中に、例えばＩＣＲＰ（国際放射線防護委員会）が示した防護基準の数値なども入っていたんですか。

萩原——入ってないですね。

●――中継用の原稿は、放送の直前まで、ぎりぎりまで、何度も推敲を？

萩原――福島県庁では三〜四日間、災害対策本部からの中継を続けましたが、しっかり原稿を書いて中継したのは半分以下じゃないですかね。

会見を聞いたら、すぐに情報を整理して、そのまま伝える。あるいは、中継中に「会見が始まったから（視聴者のみなさん）聞いてください」と伝えたケースもある。それで「まとめてお伝えします」と。現在進行形でした。次々と情報が変わっていく、しかも、深刻化していく。

僕も原子炉については詳しくなかったので、分からないことは徹底的に東電福島事務所の人に詰めて聞く、ということを心掛けました。会見が終わっても、できるだけ一対一になって話をしよう、と。

ただ、今考えると、東電福島事務所の人も、事態を把握していなかったんですね。彼らは彼らで、断片的なデータはあったけれども、本当に原子炉の中がどうなっているのか分からない。だから、慎重な物言いをしよう、としていた。今考えれば、事故をできるだけ、より小さく考えたいという、原発神話に囚われた「過小評価」だったと言えますね。

一時期は、首相官邸よりも福島事務所の方が情報が早かった。福島事務所の人たちには、おそらく、「福島の人々には早く教えよう」という誠実さがあったんでしょう。福島から出る情報の方が早いので、官邸がえらく怒って、会見を一元化しようとしたほどです。

●――結局、一元化にならなかったですよね。

萩原――ならなかったですね。「ここで、福島の人たちにきちっと伝えないで、どうするんだ。東京での一元化って何なんだ」と福島事務所の人に言ったんですよ。

●――福島事務所の方を取材で詰めたというのは、どんな感じだったんですか。

萩原――例えば、燃料棒の損傷で言うと、一号機は七〇％、二号機は三〇％と数字が出たんです。「燃料棒が七〇％損傷しているっていうのは、どういうことなんですか。溶け落ちているっていうことじゃないですか」と。

するど、「いや、溶け落ちているっていう可能性もありますけれども…」と。でも、「可能性もありますけれども、クラック（ひび）が入っているんじゃないでしょうか」っていう言い方をした。そして、こういうやり取りが続くんです。

「クラックってどういうことですか」

「萩原さん、燃料棒があって、この所に細かくクラックがずっと入ってくると、それが七〇％の面積で入ったら、七〇％損傷しているっていうことになりますよ」

「でも、七〇％の損傷ですよ。クラックではなく、溶け落ちている、溶融しているっていうことではないんですか」

そんな感じです。とりわけ、メルトダウンのところは、かなりやりとりしました。明らかに燃料棒が全て露出しているという情報が出た時は「全部露出しているのに溶融してない、って、それは、どうして、そう考えられるんですか」と。

こうした細かな情報の部分、そこはもう、事実関係のフォローしかない。つまり、東電の彼らが推測しているシナリオを細かく詰めていくということ。彼らも原子炉の内部を見ることはできないわけですから。

だから、（このインタビューを控えた）先日のニュースに驚きました。「五％の損傷があったら炉心溶融と言う」とのマニュアルの存在が明らかになったのは、五年も経った今年（二〇一六年）の四月ですよね。

●――当時、東電福島事務所は「炉心溶融」という言葉を使わなかったんですか。

萩原――使わなかったというより、可能性が高いとは認めなかった。

●――最後まで？

萩原――「可能性はもちろん否定はできません」という言い方です。ただ、僕は中継で「炉心溶融の可能性もあると東電側は認めている」という話を伝えました。炉心溶融の可能性があることを指摘しておかないと、と思ったんですね。

●――全国紙も含めて、最初は「炉心溶融」と報道していたのに、そのうち、「損傷」とか「一部損傷」などという言い方に、どんどんどんどん変わっていきましたね。

萩原――変わっていきましたね。

実は、ついこの間、福島原発事故五年のスペシャル番組を作ったんです。そのときに、あるディレクターが「萩原さん、『炉心溶融』って言葉は当初ぽんと出たけど、その後はもうずっとオンエア上、出てないですよ」と言うから、「いや、俺、話したけどな」と。

それで、スペシャル番組のために当時の録画を検証してみたら、東電副社長だった武藤（栄）氏の東京での会見中に、東電社員が「官邸から、これとこの言葉は絶対に使うなと」と言う音声が入っていた。

●——はい。

萩原——それを後輩が見つけてきて、スペシャル番組で出したんです。「使わないように」が指す二つの言葉は「炉心溶融」と「メルトダウン」だったんです。別の関係者に取材して、その二つだったと分かった。当時の官房長官だった枝野幸男さんにインタビューして、それを指摘したら、枝野さんは「官邸からそんなことは言ってない。それは、東電側の忖度《そんたく》だ」と言った。でも、東電側は「官邸から言われた」と。

●——いつの会見ですか。

萩原——一四日夜の会見です。そのころから「メルトダウン」「炉心溶融」という言葉を新聞はほとんど使わなくなりました。その後、五月になって初めて、一号機のメルトダウンを認めた。五月ですからね。で、二号機、三号機もメルトダウンだったと認めたのは、さらにその後です。

炉心溶融という言葉を使うな、という指示についても、(二〇一六年)六月になって、「清水社長が社内で指示した」ということが、東電の第三者検討委員会の報告書で初めて公式に発表された。五年間も、いわば「炉心溶融隠し」を隠していた、ということです。住民への情報公開の面からも、極めて重大な問題だと思いますし、憤りを感じざるを得ません。

全体として振り返ってみると、最も難しかったのは「炉」がどうなっているのかを掴めないところでした。東電が発表したデータは、きわめて限定的で、まず全体像がわからない。壊れている可能性のある計器のデータも含まれていました。東電技術者の説明も、不確かな数値に基づいた、推測でしかなかったわけです。

そうした中で、現在進行形で進む、事故の現状について、「可能性」のなかでも、特に、「最悪のシナリオ」をどう報じればいいのか、社会的な影響をどう考慮するべきなのか、テレビ報道の課題として残ったままだと思います。

議論に次ぐ議論　会社を説得し、立ち入り禁止区域へ

●――その後、現場に入ろうと、もっと近付こうとされたわけですね。「立ち入り取材はできない」というルールは、そのときに決まったんですか。

萩原――三月一三日にＪＮＮの取り決めとして、取材上のルールであり「記者の安全管理」として、です。現在の避難指示が福島第一原発の半径二〇キロとしていることから、ＪＮＮは、さらに慎重を期して第一原発に関しては半径四〇キロエリア内には立ち入って取材をしない、といった内容でした。

●――萩原さんはまさに、原発近くに入ろうとしているわけですよね。

萩原――そうですね。

●――誰かに「入る」と伝えた？

萩原――「安全管理者」という立場の人が、ＴＢＳから系列の地元局「テレビユー福島」に派遣されていたんですね。彼は原子力取材をしてきた記者です。ＪＮＮグループとしての取り決めですから、

系列局もその判断に従います。「ＪＮＮではこういう取材ルールでいきますよ」と周知徹底させる。基本的にはＪＮＮの取材ルールに従ってやるということです。

でも、僕から「これはおかしい」と言いました。たぶん一五日、一六日の頃だったと記憶しています。

●——何がどうおかしいと思ったんですか。

萩原——市民が暮らしている、避難している。自主避難であったり、屋内退避であったり、そうやって暮らしている中で、なぜ記者が現場に行けないのか。取材しなければ、伝わらないじゃないか。そういう、ごく基本的な疑問でした。

どんな状況になっても、自分は報道の原則、原点に立ち戻ろう、と。それは正確で早い情報であり、現場から発信することです。そのうえで、社会的な弱者、災害弱者と言われている人たちの目線を大事にしよう、と。

あとは、政府や東電が隠していること、隠そうとしていること、あるいは慎重な表現をしていること、そうしたものについては、その可能性も含めてきちっと、明確に伝えていこう、と。

この四つは、取材報道の原則です。現場に行く、現場から伝える、弱者の目線を大事にする、隠されていることを明らかにする。この四つです。だから、当時は、それに立ち返るぞ、と。「現場に入らずして何を伝えられるんだ？」と思いました。当たり前のことを当たり前にやろう、と。そういう気持ちでした。

●——まず誰に言ったんですか。

萩原——安全管理者に言いました。最初は、ＴＢＳの記者である以上、組織のルールに従ってほしい、と（言われた）。「それを超えてやりたいならフリーになるしかない」とも。もちろん、安全管理者としての立場も良く分かるんです。

彼はもともとＴＢＳの「報道特集」で僕と職場を共にした先輩です。先輩も「でも、萩原の言っていることはよく分かる」と。僕の言っていることは理解してくれた。それでも、テレビユー福島の報道フロアの一角で、結構、激論になって。何晩も議論したと思います。声を荒らげてしまったこともありました。

●――諦めなかった？

萩原——「現地に入って取材するべきだ」と、おそらく、先輩も考えていた。でも、管理者としては、なかなかそうは言えない。

実は、ＪＮＮが出したこの四〇キロという線。これには、前段があるんです。茨城県東海村で一九九九年、核燃料加工施設のジェー・シー・オー（ＪＣＯ）が臨界事故を起こしたことがあります。あのとき、若い記者がかなり現場に近付いた。雨の中、記者が無防備に相当近付いたと聞きました。若い記者は被ばくしなかったけれども、そういう経験があったわけです。

各社も同じじゃないでしょうか。あの東海村の件があったから、福島原発の事故でも相当慎重になったわけです。

それに、テレビクルーというのは、カメラマンも音声マンも別々の会社の所属であることが多い。ドライバーも別の会社。福島に行った「NEWS23」のチームも、TBSの社員は僕とディレクターの二人だけで、あとは、それぞれ別々の会社に勤めていた。

深夜の激論の際も「彼らの安全管理をどうするんだ」と。そこから始まって「本人たちの承諾はどうするんだ」と。それに原発は実際に一号機、三号機と爆発し、「二号機はどうなるんだ。二号機も相当危うい」といった情報も飛び交っている。そんなときに、近づくと、大量被ばくの可能性もある。

先輩は「これで本当に入れる環境が調っていると思うのか」と言う。僕は「でも、市民が中にいるでしょう。市民がいるのに、僕らはなぜ取材ができないのか。彼らも同じリスクを抱えているわけじゃないですか」と言う。

論点は幾つもありました。安全面、取材の役割、社を超えた安全基準をどうするか、どこに取材に行くか、どこなら安全と判断できるのか。被ばく対策をどう現場で取るのか。四〇キロ圏内に入って、どこまで行くのか。五キロまで行くのか、一キロまで行くのか。

そういう細かな議論もやっていくわけです。

●――それで？

萩原――原発の状況自体が少し落ち着いてきたというか…。いま振り返ると全然落ち着いてないんですけど、発災から一週間近く経って、少なくとも事象としての爆発は外見上、少し落ち着いていたというのもあった。

そうしたら、安全管理者がルールの変更を東京に掛け合ってくれた。

●——萩原さんが働き掛けたのは安全管理者のみですか。例えば、ご自身がTBS本社の幹部に、直接訴え出るようなことは？

萩原——私からは伝えてないですね。それをやってしまうと、組織の指揮命令として筋が違っちゃいますからね。もちろん、JNN全体のルールになってくるので、JNN全体の理解も得られないといけない。総合的な判断も必要になるでしょう。だから現場の一意見としては、組織としての筋を通したのです。

●——ルールは変わると思いましたか。

萩原——うーん…。取材しないという選択肢はあり得ないので…。振り返ってみると、当時は冷静に慎重にきちんと取材しようと思っていましたけど、一〇〇年に一度かもしれない大震災で、ある種の使命感、強い思いで取材をしていた。「市民の人たちの状況を絶対に伝えないと僕らの役割は果たせない」という思いが強かったと思います。

●——安全管理者が本社に掛け合って、すぐに例外規定ができたんですか。

萩原——詳しく聞いてないですけど、局内での議論を経て、例外規定ができた。それを持って南相馬に行くことになった。(三月)二一日の段階で、「立ち入る必要が生じた場合は、安全面などを十分に協議したうえで判断する」という但し書きが、三行付きました。これで、状況に応じて、例外を設けることが可能となりました。

●——ドライバーさんらに対しては、どう話をしたんですか。

萩原——市内の旅館に雑魚寝で泊まっていたんですけど、そこで、許可が出る前、おそらく一八日ごろの夜に集まってもらって──。

まず、本人の承諾を取ろうと、それぞれに言ったんです。

「今、屋内退避、避難、自主避難している人たち、四〇キロ圏内の市民の状況を僕らは伝えないと駄目なんだ。やっぱり、伝えるべきだと思う。実際、市民生活は状況がかなり逼迫しているようだ。この取材をせずして、報道しなくて、僕らがここに来ている価値がないと思う。だから、四〇キロ圏内に行きたいと思う。ただ、一方で、原発は非常に不安定だから、もしかしたら大量被ばくの可能性もあるかもしれない。でも、一緒に行ってくれないか」

そういう話をしたんです。

カメラマンは、もう即座に「僕、やりますよ」と。四〇歳ぐらいかな。音声マンは、実は、一〇年目のチェルノブイリに僕と一緒に行っている男だったんです。年齢は、僕と同じくらい。彼とはチェルノブイリの事故現場近くまで行ったことがあったので、「いいですよ、いくらでも行きますよ。チェルノブイリに行ったんだから」と快諾してくれた。

ドライバーさんは、一緒に来た人が当たり前だけども相当緊張状態で、東京に戻っていました。交代で来たドライバーは快く、「行きますよ」と言ってくれて。多分、三〇代前半だと思います。皆、報道への強い使命感を持つクルーでした。

それで、全員の承諾も取れたということも本社に伝えて、それぞれの会社にも伝えた。どの会社も「TBSさんの基準に従います」というOKが出て、現地に入ることができたんです。

●──**最初、どこにどう入るか。それはどうやって決めたんですか。**

萩原――南相馬市が、自治体の規模が大きいということ。南相馬市で医療の状況が逼迫していて、地元の産婦人科医の方が、一度避難したけれど、もう一度戻って、診療を再開している、助けてほしい、といった内容のファックスが地元局に届いていたのを見つけて、「南相馬に行こう」と決めたんです。

●――**あらためて何か装備を調えたのでしょうか？　それとも東京を出たときのまま？**

萩原――線量計は東京を出た何日か後に、一人一人に来ましたけど、特別な装備はありません。マスクはしました。普通のマスクを。

福島県庁で取材している時は、安全管理者がきちんと態勢を整えてくれていました。取材から帰ってきたら、全部、水で流して、カウンターで測って確認してから屋内に入る。それはその段階でもうやっていたんです。だから、南相馬に行くときも、それを踏襲するかたちでやりました。

福島市からは日帰りです。泊まる所もないので。当時は道路も結構悪くて…。二時間半～三時間くらいかかったんじゃないですかね。

●――**検問はなかったですか。**

萩原――どこかに止められた記憶はないですね。自衛隊の車がどんどん出てきたのは記憶にあります。一緒に行ったり入ったり。

●――**南相馬への日帰り取材は、何日ぐらい続けたんですか。**

萩原――南相馬だけじゃなく、いわき市から飯舘村、南相馬市、本宮市、川俣町。南相馬は、もう一度、三月二七日に行って、三〇日に飯舘村に入った。飯舘村に入るのがまた大変で…。

南相馬市の「屋内退避」地域で取材したのは、市外から物資が全く届かなくなり、屋内退避をしている人々の困窮ぶりです。食料を手に入れることすら困難という、極めて深刻な状況でした。桜井市長からは「メディアが来てくれたのは初めて」と言われましたが、その時は、むしろ、遅くなって申し訳ありません、という気持ちでした。

その後、「自主避難」という曖昧な政府の指示に戸惑う人々、避難したくても介護が必要な老夫婦が家に留まらざるを得なくなっている人たち、水道水が汚染したためミルクを与えられなくなっている母親たち、避難途中に餓死寸前で見つかった人、横行している窃盗被害、ストレスで心のケアが必要な人々を取材しました。やはり三〇キロ圏内に入って取材しなければ、分からないこと、伝えられないことばかりでした。

その間、現場で貫こうと思っていたのは、徹底的に、住民の目線に立って、いま何が必要なのか、政府、社会に伝える、訴える報道をしよう、ということでした。他のメディアが取材していないから、その分、より責任が重い、しっかり伝えないと、という気持ちでしたね。

●──先ほど「ジャーナリズムの理屈で言えば現場に入って取材をするんだ。それができなきゃ何のための記者をやっているんだ」とおっしゃった。そういう理屈を突き詰めて、いつまでもTBS本社がOKしない状況がずっと続いていたら、それでも会社の理屈に従ったんですか。

萩原──今、そこはなかなか言い切れないですね。そこは難しいですね。もしかしたら行ったかもしれないです。許可も取らずに行ったかもしれないけれども…。（許可を取らずに行っていたら）オンエアできないかもしれない。だから、そこですよね。オンエアできないものは、その取材活動自体には価値がないですからね。

●**オンエアできないかも、というのはなぜですか。**

萩原──会社のルールを破って取材したものを、会社の理屈として、オンエアできるかどうか。

●**でも、映像としては、一級の価値があるかもしれないじゃない。**

萩原──そうですね。

●**「入っちゃいけない」というのは、法律違反で逮捕されるとかそんな話ではないですよね？**

萩原──そこは、難しいですね。

しかし、やっぱり、社内で諦めずに徹底的に議論するのは、とても大事だと思います。

こういう問題もありました。

実は飯舘村に関して、IAEA（国際原子力機関）が「避難基準を大きく超える放射性物質が検出された」と言って、（三月）三〇日から国際的な問題になったんです。確かに飯舘村に向かって（放射性）プルームが流れた。汚染されていったわけですね。南相馬よりもはるかに深刻な汚染。でも、避難区域の外だから、人々は普通に暮らしていたわけです。そんな状況で、IAEAが言った。もう取材するしかないじゃないですか？

ところが「飯舘村を取材する」と言ったら、やっぱり、「IAEAがそんなことを言っている中に記者は送れない」と。そういう判断が再び出たんです。

朝、「（昨晩のニュースでIAEAの指摘が）報道で出たから昼から飯舘村に行きますから、お願いします。検討してください」と言いました。そしたら、「駄目だ」と。で、僕は「いや、そんなの、あり得ない。市民がいるんだから、同じ理屈です。お願いします」と。それで、昼にクルーとラーメンを食べていたんです。そうしたら、途中で、「萩原、やっぱり駄目だった」と。

●理由は何ですか。

萩原――安全管理で駄目だったと。「それはもう納得できない」と言って、ラーメンをそのままにして、そのラーメン屋で延々と一時間ぐらい電話で、「それは絶対におかしい」と。前回と同じ安全管理者です。

それで最後は「僕にも子どもがいる。自分が飯舘村の村民で、そこにいて、自分の子どもが砂場で遊んで、被ばくするかもしれない。そういう人たちが本当にいるんですよ。自分の子どもがそこで遊んでいるということを考えたら、本当に取材しなくてもいいんですか」と。ちょっと感情に訴えるまで、理屈を超えたところまで口に出したら、その先輩が「分かった。萩原、飯舘村へ向かえ」と言ってくれたんです。「後は、俺が本社とやる」と。

僕は「分かりました。ありがとうございます」と言って、飯舘村に向かった。「あとは全部、俺が責任を持つ」という感じでした。あれは、今でも感謝しています。全部、ラーメン屋でのやりとりです。伸びたラーメンを食べて、「じゃあ、行こう」と。

●ゴーサインは安全管理者の方が東京本社の意に反して？

萩原――実はその先輩、管理者をもう一人作ったんです。福島に来ていた僕と同期のカメラ担当デスクをそれに充てた。現場安全管理者です。その同期と合流して、飯舘村に行くことになったんです。

●――飯舘村では？

萩原――線量計がものすごくうるさかったのはよく覚えています。南相馬ではそんなに鳴らなかったけれども、一〇マイクロシーベルトを超えると、常にずっと鳴るようになっていた。最初、一マイクロシーベルト以上になると鳴るのを、「一〇」に替えたんです。そうしないと、常に鳴っちゃうから。だから、現場では、車の中に線量計を置いて取材をしていたんです。

●――当時、会社の許可を正式に取って四〇キロ圏内、三〇キロ圏内に入ったのは、萩原さんらのTBSクルーが初めてでしょう？　その後、続いた会社はあったんですか。

萩原――のちに、メディア研究者の方や記事などから、四月初めまで、新聞社も含めてなかったと聞きました。

●――記者個人ではなく、「会社」として取材したということに意味があると思います。その点、どう考えていますか。

いま振り返ると、交渉せずに「俺は入っていくんだ。会社は関係ない。使命感だけでいい」というかたちで取材しなくて良かったと思うんです。

一つは、クルーたちの安全管理という部分です。何が起きるか分からない。もし大量被ばくしたときに、個人で責任を負えるのか否か、が結論になってもいけない。何かあったら、個人がその家族の面倒を見るのか？　そんなことできるわけはない。やっぱり、会社、組織として、取材者を守りながら取材をすべきだと思うんですね。

そのために、組織ジャーナリストはいるわけです。新聞社やテレビ局という大きな組織だからこそ、できる取材がある。取材者のバックアップが絶対に必要だと思います。

「全テレビ、全新聞社が逃げた」といまだに言っている人がいるけれども、そうではなかった。

●——**「全部じゃないよ」って。**

萩原——以前、メディアの研究者から「いまのマスコミ不信は、市民を置き去りにして記者が逃げたのが、大きな要因になっているかもしれない」と言われたことがあるんです。事故直後からなぜ入らなかったのか、ということです。だからこの先、同じような事故が起きたとき、起こしてはならないけれども起きた場合、安全上のリスクを、誰がどう負って、事故現場、周辺を取材するのか、記者の使命感に任せればいいのか、志願者がいない場合どうするのか、これも組織として、重い課題だと思います。

原発報道が減り、「日常」に戻る。その中で——

●——**二〇一一年三月二五日までが「NEWS23」で、その後は社会部に異動したんですね。**

萩原——四月一日が最後のオンエアでした。異動は決まっていたので、(三月一一日に出発した福島取材は)四月二日に東京に帰ってきたんです。残念でした。本当は、現場で取材を続けたいという思いもありました。

●——**社会部に戻っても、この原発事故の取材チームを率いていますよね?**

萩原――そうです。社会部の筆頭デスクになって、原発取材チームをつくったほうがいい、社会部を超えてつくったほうがいい、という提案をしたんです。「政治、経済、社会、あるいは番組制作の人たちも含めて、トータルでやっていかないと、原発の問題はもう対応できない」と。原発取材本部の組織図も描いて提案したんです。

●原発取材本部という絵があったんですね。

萩原――はい。政治部、経済部も含めて。東電、原子力安全・保安院、経済部、政治部、官邸にそれぞれ担当の記者はいる。ただ、どうしてもばらばら。それで僕がそのときに言ったのは「会見発表だけじゃない情報を取りに行かないと」と。

社会部の中では、司法クラブや警視庁クラブなどの記者に「事件報道は縮小して震災・原発事故に集中しよう」と話し、それぞれのクラブから記者を集めた。そして、政府関係者、原発作業員、東電関係者、放射能の安全面や市民生活を取材するという四つの班をつくった。社会部一五人くらいのチームにしました。

●その一五人は、基本的に担当業務から外しました?

萩原――ええ、外しました。特に原発作業員担当の記者に言ったのは「この原発事故は、福島のあの第一原発の敷地が戦場である」と。戦場そのものに本当は取材に行きたいんだけど、東電が許してくれない。政府も許してくれない。じゃあ、戦場に出入りしている兵士から取材をしないといけない。だから作業員の人たちにまず当たろう、と。

さらに、あの戦場の正確な情報が入るであろう、東電とか政府関係者とか、これも発表ベースではなくて、発表されてない情報をきちっと取っていこう、夜回り、朝回りをかけて行こう、と。

当時から、マスコミは政府や東電の発表をそのまま流す「大本営発表だ」と少し批判が出始めていた。「このままだと、戦時中の大本営発表の報道と同じと言われてしまう。発表を垂れ流すだけのメディアと言われてしまう。いずれ振り返って検証されるときが来るから、僕らは、大本営発表ではない取材をしっかりしていこう。明日発表されるものを抜いてくるとか、そういうことは必要ない。そうじゃなくて、表に出ていない、あるいは、隠されている。事故の実態を示すようなものを、しっかり情報を取ってこよう」と。

こういう話をして、的確な指示をすると、若手の記者たちは、本当にすごく馬力を持って動くんです。びっくりするぐらいに、若手、中堅記者が、がつがつやってくれました。記者三人ぐらいが常時、福島に入って作業員の人たちを取材する。政府関係者も全部リストを作って、夜回り、朝回りをかけてくれた。

●――チームに対しては、具体的な目標みたいなものは出したんですか。

萩原――当時は、爆発後の原子炉建屋がどうなっているのか、映像も写真も公開されていなかった。それに、敷地内の線量はどうなっているのか。作業員の環境は、どのような状態なのか…。事故の現状を報じるために、まず、作業員から詳しく話を聞ける信頼関係を構築すること。そのうえで、匿名でいいから、インタビューを撮影できないか。地震直後の状況から、現状を報じていないから現場の問題点を聞いてほしい、と。

地震発生直後や爆発に立ち会った人から、生々しい証言を得ただけでなく、発表されていない、作業員をめぐる過酷な状況なども聞くことができました。さらに、現場の写真や映像なども関係者から入手した、まさに「戦場の実態」ですね。

作業員からは、作業工程が遅れていることや計画そのものの難しさ、作業環境の厳しさなど、政府や東電にとって、都合の悪い情報も出てきました。また、当時、TBSが唯一、現場の責任者である吉田所長にインタビューできたのも、彼らの努力の賜物でした。

●**なるほど。**

萩原――もう一つは、実際に発表されていない事実がないか。もっと言うと「作業員に死者が出ているんじゃないか」というウワサも回っていた。本当にそういうことがあるのかどうか。近付けない場所が、実はもっとあるんじゃないか。これから復旧にあたって、どんな課題があるのか。

●**立場が変わって、筆頭デスクという立場で、現場には行けなくなっているわけですよね。「自分が現場にいたらこうするのに」というもどかしさ。それはなかったんでしょうか?**

萩原――そこはもう、気持ちを切り替えて。自分の代わりに、やる気のある若い記者がしっかり取材してきてほしいという思いです。できるだけアドバイスを与えて。

今度は自分が上との交渉をしていく立場になるので、ルールというか道筋をきちっと付けてあげたい、という思いもありました。現に、五キロ圏内に入るというときがあったんですね。しかも、警察と同行して担当記者が入る、と。その記者が圏内で取材できるよう、デスクとして社内環境を整えました。

●――**有事だったので、日常業務を外して、取材態勢を組んで、発表ではなくて自らファクトを取りにいくことは、ある程度、ぱっと決断できたと思うんです。では、平時の何も起きていない状況下で、何かの独自情報を取りにいく。そのへんはどのように考えていますか。**

萩原――これは本当に大きな課題です。独自取材機能をどう広げていくか。報道機関には、通信社機能と独自取材機能の二つがあって、通常、通信社機能の割合がすごく大きいと思っているんです。だから、独自取材機能をどう膨らませていくかが、全大手メディアの課題だと思います。

僕は、いま「NEWS23」という番組を担当しているので、週五日一時間、この放送をしていかなきゃいけない。毎日の放送のために、番組スタッフが、ほぼ総力で取り組まなければならない。でも、それだけをやっていると、やっぱり、報道機関としての役割を果たせないと思う。一人でも二人でもいいから、しっかり現場を歩いて回る、関係者を歩いて回って新たな事実を掘り起こす、という独自取材をする。その時間をつくれるように努力しています。

ただ、例えば熊本の地震があったら、多くの記者を出せますから、それは独自取材ができるわけです。そのときは、例えば「発表されていない、災害弱者の目線に立ったものをやっていこう」と言えば、しっかりやってくるので、こういうのはできる。

でも、その時々のニュースに絡まない、本当の意味で、ゼロから立ち上げるような独自取材チームは、意識的につくらないとできないですね。

●――**原発の取材チームは、いつまで続いたんですか。**

萩原――(二〇一一年)七月、八月ぐらいまでで、徐々に縮小せざるを得なくなってきたんです。その頃になると、社会部もだんだん、通常の事件報道などにまた戻っていく。日常に戻るところがあった。

それでも何とか、原発取材のチームを保とうと思ったんですけど、当然、原発事故以外のニュースも出さなければならなくなってくると、それぞれの持ち場に返す必要が出てきました。それでも一年ぐらいは、そこまでの大人数ではないですけれども、チームは、ルーティンとのバランスを取りながら、それぞれの関係者に取材しました。

日々の身近なことに疑問を持つ

●——二〇年以上、記者をされていますが、迷われたりすることは…。もちろん迷いはあると思うんですが…。

萩原——いや、そうなんです。むしろ、常に迷いは多い。記者は、そのものごとをいくら取材しても、その専門家というか、例えばある職人の取材をするにしても、その人が一生やっていることを、たとえ五年取材したって、一%ぐらいしか取材できないじゃないですか。

でも、多くの分野で一%ずつ知っているからこそ、普遍的な何かが分かるから、記事にできると思うんですよ。だから、いつも九九%その分野については知らない、という謙虚さを持っていたい。

一方で、いろんな分野の本質を知っているから、より深い取材ができる、一般の人にも伝えることができる。報じるにあたって、これが本質をえぐった取材になっているか、一面的な見方に陥っていないか、重要な事実、視点を見落としてはいないか、と。それをできるだけ少なくするように可能な限り取材を尽くそうと。そんな姿勢でやっているんです。

●——TBS入社は一九九一年。スタートは？

萩原——社会部内勤からスタートです。一年いて、その後は、警視庁の一課、三課担当。一課は二年半、担当しました。当時、当局の一課の警察官と本当の意味で情報をもらえるような関係がなかなかできなかった。気持ちの中では「きょう逮捕へ」という、すぐに発表される捜査情報をどうして抜いてくる必要があるのかな、といった基本的な疑問もありました。

●——自分がやりたかった取材とギャップがあったということですか。

萩原——基本的には、ギャップを感じていましたね。どの新聞社もそうだとは思うんですが、「最初は警察取材でしっかり基礎を学べ」という空気がある。TBSもそういうところが多分にあって「一課、三課で地べたをはい回れ」と。地べたをはい回ることは全然苦じゃなかったんですけど、苦労したのは、夜討ち朝駆けで人間関係をつくっていくこと。警察の人たちとどう話をすればいいのか、と。

●——どういうふうに解決をしようとされたんですか。

萩原——一つ(変わるきっかけとして)あったのは、最初に取材した殺人事件です。カップルがアパートを出てきたところで、二人とも何十カ所も刺されて、殺される事件があったんです。この二人の顔写真を入手することが僕の担当でした。顔写真を入手しようと、あちこちを回るんだけど、できなかった。上からは「何やってんだ、萩原」と。

で、僕の先輩の記者が、葬式を遠くから狙って遺影を撮って、確か女性被害者の顔写真を撮れた、と。読売かどこかの社は、二人とも顔写真を入手したので、また上司から「どうなってんだ」と言われる。さらに「何で続報が書けないんだ」と言われて。関係者を回っても回っても、いい情報がなかなか取れない。顔写真が入手できなくて罵倒されたときに、実は「今の時代、被害者の顔写真なんて必要なんですか」って言い返したんです。

●——何と言われましたか？

萩原——「おまえ、ふざけんな。入手してから言え」と。それはそうだけど、「被害者の人権をどう考えているんですか」と先輩に食って掛かっていました。

後日、殺したのは、精神科に通っている隣に住む男だったことが分かった。そしたら、容疑者の名前が匿名報道だったんです。そのときに先輩に「殺したほうは匿名なんですか。被害者の人権はどうなんですか」といった議論をまたする。

●——議論は職場で？

萩原——職場でもやりましたし、飲み屋でも。そんなことがあったので、あるとき、サブキャップに呼ばれて飲み屋で「萩原の言ってることも一理ある。理屈として分かるんだけど、まだ、おまえは若いから、ばかになってやれ」と。

●——一対一で？

萩原——一対一です。「萩原、ばかになれ。このままじゃまずい」「分かりました」と。そこで、ばかになってやろうと。本当にばかになるわけじゃないですけど、きっと、「ある種のばかになる」っていうことを考えたんでしょうね。きちっと被害者の顔写真も取り、情報も取り、どこまで自分ができるかっていうことを、そこで出し方を考えていこうというふうに切り替えた。

そこから、とにかく、他社より先に、最初に現場に行って、他社の記者よりも、徹底的に現場周辺、被害者、加害者周辺を取材する、他社の記者が全員帰ったあとまでいる、と自分で決めたんですよ。それを繰り返すようになったら、顔写真を入手できるようになって、それなりに、取材、報道ができるようになってきたんです。それで、一課担当の先輩と二人で現場を歩くと、「ぺんぺん草も生えないよ」って警視庁クラブの中でうわさになった。二人でがむしゃらにローラー作戦で取材をやっていたんです。

●――はい。

萩原――殺人事件を担当することで、そこで学んだことがあって、新人記者に話していることですが、顔写真を入手するにしても、一対一の信頼関係を即座に構築しなければならない。最初に遺族、関係者に会ったり、あるいは同級生に会ったり、というときに、こちらを信頼してもらわないといけない。「なぜこの事件報道をするのか」をしっかりお伝えして、興味本位、あるいは悲しい物語を伝えるためじゃないんだ、と。「殺人事件が繰り返されないために、という思いで事件取材している」ということをきちんと伝える。信頼関係ができると「萩原さんならお渡しします」という関係がつくれる。現場取材を重ねると、当局とも徐々に関係を構築できるようになってくる。これは、いま考えると取材の「基本中の基本」だと思います。

●――本気で思ったんですか。

萩原――本当に思ったんです。

●――「なんで被害者の写真が要るんだよ」から大きな転換ですね。

萩原――誰々さんっていう名前がきちっと出て、こういう顔をしていて、こういう人生があって、それが絶たれたんだ、と。それをきちっと伝えることによって、殺人事件というものが伝わる。特にテレビでは、写真があり、動画があり、その人の深い関係者が涙を流したりしながらも話をすることによって、事件の重大性が伝わる。

ただ、こんな議論もありました。

あるストーカーによる、少女の殺害事件を伝える際に、少女の実名、顔写真や動画が必要かどうか。少女はリベンジポルノの被害を受けていました。

裁判の報道の際、私は、匿名にして、リベンジポルノという被害実態については伝えるべきだと話しました。こうした被害が再び起きないように、という警鐘の意味で、事件を伝える意義がある、という考えでした。

この報道では、各社の対応が分かれましたが、事件報道の一義的な目的、つまり、こうした事件が繰り返されないように、ということと、被害者の人権との間で、どうバランスをとって報じていくのか。メディアにとっては、いま、極めて重要な論点になっています。

さらに、捜査当局と記者、メディアとの関係も、大切な論点と言えると思います。

●――その点も重要ですよね。事件報道に対しては「警察の情報を一方的に流しているだけじゃない

か」「事件のネタがほしいから警察批判はできないだろう」といった批判が常にあります。

萩原――そうですよね。本当に難しい。

捜査情報をいち早く知り、伝えるだけでなく、捜査当局という、強大な権力を、より近くで「監視」するのが、報道機関の役割です。TBSの警視庁キャップを務めた後輩も、「発表されていない警察の不祥事を抜けて一人前」と言っていました。捜査情報のリーク欲しさに、監視機能が弱まることは避けないといけない。

先日も、大分県警の隠しカメラ問題があったでしょう？

●――ありました。（二〇一六年七月の）参院選の際、別府警察署の捜査員が野党陣営の施設内に監視カメラを設置し、出入りする人たちなどを録画していた、と。カメラは樹木の間に隠すように設置され、選挙後まで誰も気付かなかった。

萩原――そうです、そうです。あの別府署の問題では、「NEWS23」と系列局が追跡取材しました。選挙活動を隠しカメラという手法を使って、一般の人を監視するというのは、警察権力の暴走です。民主主義の根幹を揺るがしかねない重要な問題でした。

番組では、隠しカメラで撮影された映像を入手して、問題提起しました。映像には、驚いたことに、署内でカメラ設置を綿密に打ち合わせる場面のほか、これまでも隠しカメラを使っていたことを示唆するやりとりまで記録されていました。評論ではなく、新たな事実を提示したうえで、警察権力に対して、問題提起をする、という姿勢をとり続ける必要があると考えています。

●――そんなぎりぎりの場面で取材を続けていると、しんどくなって、「仕事を辞めたい」と思ったことはないですか。

萩原――それはないですね。自分が、「これはおかしい」「許せない」「社会全体で考えてほしい」と思う事実を発掘して、メディアに載せ、政府や行政、社会に問うことができる。戦争について伝える役割もある。メディアの伝え方次第で、民主主義や平和に直接影響が出てくる。責任が重く、とてもやりがいのある仕事だと感じています。

●――調査報道のための研修制度や研修機関はTBS内にはあるんですか。

萩原――ないですね。ただ、月並みだけども、大切なのは、記者の問題意識、ささやかな憤り、怒りといったものだと思うんです。一市民として暮らしている中で、自分の家族や友人、知人に降り掛かっていること、あるいは、小さなベタ記事、ネット上の書き込みでも、「こんなことは許せない」とか「これは放置できない」とか、そんな小さな憤り。そういうものが報道の出発点になると思うんですよ。

これまでも後輩に「そこを大切にして取材を始めてほしい」と言ってきたし、自分自身もそうしてきました。

例えば、おふくろが一人暮らしで、買い物難民に近いような状況になったり、何かちょっとトラブルがあると孤立したり。自分の子どもがLINE（ライン）でグループ外しに遭っていないか、もしくは、本人がしていないかな、とか。そうすると、ネット上のいじめを取材してみようか、となる。そういうところから取材を始めて、さらに新たな事実を掘り起こしていけば、これは、放置できないという事実も見つかってきます。

　これまで、例えば、医薬品の副作用、介護保険制度の問題点、政務活動費の使われ方、国会議員とカネの問題、公益通報の課題など、「なぜ、政府はこの問題に目を向けないのか」「問題解決に取り組むべきではないか」と問題提起してきました。

　発表ベースのストレートニュースは、スマホなどで次々と届く時代ですよね？　だから、これからは、社会的な影響が大きいテーマを中心に、市民の側に立った調査報道を進め、権力に対して問題提起していくことが、報道機関にとって、より一層、大切になってくると考えています。

3
情報公開制度を駆使する

日下部聡氏（毎日新聞）に聞く

日下部聡氏（毎日新聞）に聞く

憲法解釈の変更 隠された事実を追え 内閣法制局の裏側に「情報開示請求」で迫る

日下部聡（くさかべ・さとし）

一九七〇年、東京都生まれ。筑波大学卒。九三年毎日新聞入社、浦和（現さいたま）支局、「サンデー毎日」編集部、大阪社会部などを経て東京社会部。「サンデー毎日」時代から情報公開制度を駆使した調査報道を手掛け、この制度を使ったスクープを次々と世に送り出してきた。同僚と共に、二〇一五年九月二八日の同紙朝刊で『憲法解釈変更の経緯公文書に残さず』をスクープ。これに関連する特報によって、青島顕記者の二人で二〇一六年度の日本ジャーナリスト会議（JCJ）大賞などを受賞した。

政府が二〇一四年七月に閣議決定した「集団的自衛権の行使容認」は、国民の間に大議論を巻き起こした。「憲法九条が存在する以上、集団的自衛権は行使できない」とする歴代政権の方針を覆し、安倍政権が自衛隊の本格的な海外派兵に道を開いたからである。

その閣議決定に基づき、二〇一五年九月には安全保障関連法が成立した。「専守防衛」を事実上捨てたことから、「日本は戦争をできる国になった」「戦後政治の一大転換だ」といった厳しい批判も浴びた。

この閣議決定に大きな影響を与えたのは、内閣法制局の判断である。

法制局は「法の番人」とも呼ばれ、法令が憲法に反していないかどうかなどを厳しくチェックしている。歴代政権が「憲法九条がある以上、集団的自衛権を行使できない」との立場を堅持したのも、法制局が「集団的自衛権の行使は憲法違反」との判断を崩さなかったからだ。

憲法解釈を変える際、法制局内部ではどんな議論があったのか。日下部記者らはそこに焦点を当て、情報公開制度を駆使して切り込んでいく。その結果は、議論のプロセスが公文書として残されていない、という驚くべき内容だった。国是の変更に当たって、誰がどんな見解を示したのか。それらを「法の番人」は全く記録に残していなかったのである。

日下部記者のインタビューは、サンデー毎日時代の「石原都政」問題から始まった。手探りで着手した開示請求。公文書だけでは明らかにならない事実。同業他社の冷ややかな視線。そうしたものに取り囲まれながら、日下部記者は都政の闇に切り込んでいく。そうした経験がどのようにして『憲法解釈変更の経緯公文書に残さず』の報道につながったのか。開示請求はどこまで調査報道のツールとして役立つのか。長時間に及ぶやり取りをじっくりと読んでもらいたい。

〈参考記事〉二〇一五年九月二八日　毎日新聞朝刊一面

憲法解釈変更　法制局、経緯公文書残さず　審査依頼、翌日回答

政府が昨年7月1日に閣議決定した集団的自衛権の行使容認に必要な憲法9条の解釈変更について、内閣法制局が内部での検討過程を公文書として残していないことが分かった。法制局によると、同6月30日に閣議決定案文の審査を依頼され、翌日「意見なし」と回答した。意思決定過程の記録を行政機関に義務づける公文書管理法の趣旨に反するとの指摘が専門家から出ている。

他国を攻撃した敵への武力行使を認める集団的自衛権の行使容認は、今月成立した安全保障関連法の土台だが、法制局はこれまで40年以上もこれを違憲と判断し、政府の憲法解釈として定着してきた。

法制局によると、解釈変更を巡り閣議前日の昨年6月30日、内閣官房の国家安全保障局から審査のために閣議決定案文を受領。閣議当日の翌7月1日には憲法解釈を担当する第1部の担当参事官が「意見はない」と国家安全保障局の担当者に電話で伝えた。

横畠裕介長官は今年6月の参院外交防衛委員会で、解釈変更を「法制局内で議論した」と答弁。衆院平和安全法制特別委では「局内に反対意見はなかったか」と問われ「ありません」と答弁した。法制局によると今回の件で文書として保存しているのは、安倍晋三首相の私的懇談会「安全保障の法的基盤の再構築に関する懇談会」(安保法制懇)の資料▽安保法制に関する与党協議会の資料▽閣議決定の案

文——の三種類のみで、横畠氏の答弁を裏付ける記録はない。

「集団的自衛権行使は憲法上許されない」とする1972年の政府見解では、少なくとも長官以下幹部の決裁を経て決定されたことを示す文書が局内に残る。法制局が審査を行う場合、原則としてまず法制局参事官が内閣や省庁の担当者と直接協議し、文書を残すという。しかし、今回の場合、72年政府見解のケースのように参事官レベルから時間をかけて審査したことを示す文書はない。

公文書管理法（2011年4月施行）は「（行政機関は）意思決定に至る過程や実績を検証できるよう、文書を作成しなければならない」（第四条）とする。

解釈変更を巡る経緯について、富岡秀男総務課長は取材に「必要に応じて記録を残す場合もあれば、ない場合もある。今回は必要なかったということ。意図的に記録しなかったわけではない」と説明。公文書管理法の趣旨に反するとの指摘には「法にのっとって文書は適正に作成・管理し、不十分との指摘は当たらない」と答えた。横畠氏にも取材を申し込んだが、総務課を通じて「その内容の取材には応じない」と回答した。

「民主主義の原点」記録なし識者批判

内閣法制局に関する本や論文を多数執筆している明治大の西川伸一教授（政治学）は「戦後の安全保障政策の大転換であるにもかかわらず、たった一晩で通すなど、あまりにも早すぎる。白紙委任に近い。従来の法制局ならあり得ないことだ」と指摘する。さらに、検討の過程を公文書として残していないことについても、「記録を残さないのは疑問。国民によるチェックや後世の人々の参考のため、記録を残すのは民主主義の原点だ。政府は閣議の議事録を公開するようになり、公文書管理法も制定された。その趣旨にのっとって、きちんと記録を残すべきだ」と話す。

ことば

内閣法制局

内閣直属の機関で、審査事務（政府が作る法令案の審査）と意見事務（内閣に対する法的な助言）を主な役割とし、今回のような憲法解釈は後者に当たる。積み重ねられてきた法解釈との整合性を重視した厳格な審査をすることから、「法の番人」と呼ばれてきた。職員数（定員）は77人。

憲法解釈変更　取材過程

2014年	6月30日	法制局、内閣官房国家安全保障局から閣議決定案文の検討依頼受ける
	7月1日	法制局担当参事官、「意見はない」と国家安全保障局担当者に電話
		集団的自衛権行使容認　閣議決定
2015年	6月10日	衆院平和安全法制特別委で、法制局長官「（反対意見）ありません」と答弁
		日下部さん、ネットニュースで見て「ほんとか」
		後日、法制局は取材に対し、「閣議決定に関して議論した記録ない」と。その後、長官OBや政治家らに取材。情報公開請求も
	6月11日	参院外交防衛委で、法制局長官「法制局内で議論した」と答弁
	9月28日	**毎日新聞「憲法解釈変更　法制局、経緯公文書残さず　審査依頼、翌日回答」と報道**
	10月16日	**毎日新聞「集団的自衛権　記録は決裁文書1枚　憲法解釈変更で法制局」**
	11月5日	**日下部さん、内閣法制局長官の政官接触記録の情報公開を請求。同時に11省に同様の請求**
2016年	1月21日	週刊文春「甘利大臣側に1200万円　トラブル口利き」
	1月下旬	**11省の情報公開請求の結果を待たずに環境省と国交省に取材**
	2月3日	**毎日新聞「甘利氏問題　国交・環境省　秘書と接触記録残さず」と報道**
	2月14日	**毎日新聞「9条解釈　協議録残さず　法制局長官、与党接触時に」と報道**
	2月24日	**毎日新聞「政官接触　11省『記録なし』　作成ルール有名無実化」と報道**
	3月17日	**毎日新聞「法制局長官　9条変更『記録係でない』」と報道**

※日下部さんへのインタビュー、各種報道に基づく

開示請求を駆使して石原都政を追及

——大学では何を専攻していたんでしょうか。ジャーナリズム関係ですか？

日下部——生まれは東京です。父親の仕事の関係で、小学校の途中から富山県に引っ越し、そこで六年。そのあと、鳥取県に移って四年。そこで高校を卒業し、筑波大学に行きました。

筑波大では、国際関係学類にいたんですが、「国際無関係」というか。最初は「なぜ戦争は起こるのか」に興味を持っていたんですけど、(授業を)エリート臭く感じるようになって、だんだん嫌んなっちゃって。で、体育会のサイクリング部の活動のほうに精を出していました。

ただ、途中からジャーナリズムに関心が移りまして。例えば、国際的なものごとについても、新聞や雑誌の記事とか、ドキュメンタリー番組の方が、大学の授業よりも面白い。単純にそう思って、メディア的なものにだんだん関心が向いたんですね。

一九九三年に入社し、最初は浦和支局(現さいたま支局)に五年。それから埼玉県内の熊谷支局で一年。それから東京本社の社会部に行きました。社会部では最初、東京都の多摩地区にある町田市の駐在。そこに一年居ました。その後、本社で半年間、(警視庁の方面本部ごとに事件事故取材を担う)「方面回り」をした後、警視庁の捜査第一課を担当しました。一課担当は二年です。

——そのあと、突然、週刊「サンデー毎日」に？

そうなんですよ。全く予期してなかった。二〇〇二年一〇月からです。そこに四年半居ました。

サンデー毎日の後は、社会部に戻って、国会担当になります。二〇〇七年でした。ここは基本、一人です。それから甲府支局デスク、そして二〇一〇年一〇月から再び東京社会部です。

この時は、純粋な遊軍（担当部署を持たず自由に取材できる記者）だった。その間、東日本大震災があり、それから大阪社会部、再び東京社会部と異動しました。大阪では「調査報道班」と（対外的には）言われていましたけど、基本的に遊軍です。

●──日下部さんと言えば、情報公開を駆使した調査報道で知られています。その最初が「サンデー毎日」時代。石原慎太郎氏が東京都知事だった時代の「石原慎太郎研究」だと思うんです。なぜその段階で、情報公開制度を使おうとしたのか。警察担当が比較的長く、いわば古い型の記者だったと想像しますが、何か特別な発想があったのでしょうか？

日下部──実はあれ、最初は「やらされた仕事」だったんです。当時の広瀬金四郎編集長がどこからか、「石原慎太郎は週に二、三回しか都庁に来てない」という話を聞いてきて、「これ面白い。これで何かやろう」と言いだした。二〇〇三年秋のことです。

広瀬編集長は非常に尊敬している先輩でした。よく、「『サンデー毎日』を硬派のジャーナリズム雑誌にしたい」と。元々、毎日新聞の社会部で調査報道をやっていた人です。「『不信』の明細書　政治腐敗を撃つ」[1]（自民党中枢を軸に政財官と暴力団などの癒着を告発した一九九二年のキャンペーン報道）の連載などをやっていた。そういうマインドを持っていたんですね。

それもあって「慎太郎ものをやろう」となった。たまたま手の空いていた私に「やれ」と。そう言われても、私には取材の手掛かりが何にもないわけですよ。都庁を担当したこともない。基本的に事件取材ばかりやってきて、行政自体を担当した経験もほとんどなかった。ほとほと困り、当時、編集部に出入りしていたフリーのジャーナリストに相談したら「情報公開を使い、交際費とか海外視察とか、いわゆるオンブズマンの人たちがやっていることをやってみたら？」と言われました。

それまで、情報開示請求をやるのは記者じゃなくてオンブズマンだ、みたいに思っていたんですね。開示請求をやっている人たちがいることは知っていたし、開示請求で食糧費（の使途を示す公文書を取って）報道することは、私が入社してしばらくした頃にも各社がやっていたと思います。ただ、毎日新聞の場合、そういうものが（組織として）引き継がれていなかった。社内で開示請求をやっていた人はいたかもしれないけど、自分は全然、やったこともなかった。だから、そのフリージャーナリストのアドバイスを聞いて「そうか、そういう手もあるな」と。非常に緩い感じで始まったんですね。

「どんなものを請求したらいいですか」と尋ねたら、「まず交際費の現金出納簿ってものがあるよ」と教えてくれました。一般的に、オンブズマンがチェックするのは、交際費と旅費、その辺りだと。そのフリージャーナリスト以外に、開示請求の方法や考え方を習った人はいません。

だから都庁へも一人で行きました。西新宿の都庁本庁舎の三階に「都民情報ルーム」があるんです。当時は誰も窓口にいなくて、ピンポンってベルを押すと、どっかから職員が来る。

●——**そんな感じなんですか。**

日下部——そうそう。案内係みたいな人はいるんですが、情報公開のことはよく知らない。ピンポンを押すと、担当課の人が来て、結構親切に教えてくれました。最初は、知事交際費と旅費、それと知事の日程表を請求しました。日程表で勤務内容が分かる。(新聞に毎日載っている)「首相動静」みたいな内容です。公用車の運転記録も請求しました。

あと海外視察の旅費について知りたい、と思って。それに関しては、どういう文書があるか分からなかったので、その職員に相談したんですよ。情報公開条例を所管する課の女性の方でした。

●——**これは北海道の場合ですが、北海道庁では「誰から開示請求があったか」について、情報公開を受け付ける職員は、開示請求先の担当課にそれを言ってはいけない、という内規がありました。請求の中身は伝えるけど、「誰からの請求」は伝えないというルールです。開示に際して、「あいつか」とか、「あのうるさいやつが請求してきたのか」とか、開示に当たっての恣意的な判断が入らないようにするためなんですね。ところが、請求者の名前が伝わっていたことがあって。そういうことは、都庁にはなかったですか。**

日下部——これ…。あったんですよ。

●——**あった?**

日下部——「サンデー毎日」で、石原知事の記事を何本も書いていたころ、都の報道課から(都政を担当している都庁記者クラブ詰めの)社会部記者に「『サンデー』の記者から請求がいろいろ来ているんだけど、どういうこと?」という話が行ったようです。要するに石原キャンペーンをやっている「サンデー毎日」は、ある意味、ブラックリストというか、「敵」と見なされていましたから。

で、最初の開示請求で文書をごそっともらいました。段ボールで三箱くらいかな。費用が確か八万円くらい。主にコピー代です。あと、閲覧手数料。東京都って高いんですよ。

●――**最初に開示請求して公開された公文書に、黒塗りはあったんですか。**

日下部――意外なことに、ほとんどなかった。黒塗りになっていたのは、印影とか(支出先の)銀行口座ぐらい。だから固有名詞がいっぱいある。交際費の現金出納簿を見ると、誰を接待したかが全部分かりました。(医療法人徳州会理事長)の徳田虎雄氏とか、(マレーシアの首相だった)マハティール氏とか、(棋士の)米長邦雄氏とか。絢爛豪華な人脈ですよ。

印象に残っているのは、新銀行東京の役員を知事と副知事が接待していたこと。赤坂の料亭です。一人四万円ぐらい。九人で合計三七万円です。その中に「焼酎、一本二万八〇〇〇円」というのがあって。私、下戸なんでよく分からないけど、二万八〇〇〇円って高くないですか。

●――**よく分かりません。**

日下部――それと、「ラトゥール」というワインを「二本、三万六〇〇〇円」と書いてあった。一万八〇〇〇円の「ラトゥール」も二本空けているわけです。

●――**税金で飲んだんですか。**

日下部――まさに税金でやっている。非常に驚いた。

ただ、実を言うと、最初は、分からなかったんですよ。確かに公文書がいっぱい出てきて、いろんなこと書いてある。だけど、それの何が驚きなのか、自分でもよく分からなかった。絢爛豪華な人脈というのは分かる。それは確かに、ちょっとした驚きだった。でも、それだと、「石原慎太郎の豪華人脈」みたいな話にしかならないでしょう。「これはなかなか字にならんな」と思って、途方に暮れたわけです。開示資料を前にして。

●――それでどうされました？

日下部――次にやったのは、記者クラブに配られている日程表と情報公開で取った日程表を突き合わせる作業でした。うそがないか、食い違いがないか。過去一年分をやりました。でも、何も出て来ない。今度は、日程表と公用車の運転日誌を突き合わせたんですね。日程表の通りに公用車が動いているだろうか、と。日程がある時は、だいたい合っていた。

でも、そもそも、知事の日程表がアバウトすぎたんですね。実は「何時から何時まで記者会見」「何時から何時まで庁議」といった時間入りで記されている日程表は少なかった。逆に「庁外」とだけ記された日程表は相当数あったんです。「休暇」と書いてあるものもいっぱいあった。最初は「こんなにアバウトな日程表は使えないな」と思ったんですね。ところが、「庁外」の日に公用車が動いている日がある。

どう考えればいいのか、開示請求に詳しい三木由希子さん（現・NPO法人「情報公開クリアリングハウス」[2]理事長）に会いに行きました。開示請求で得た公文書を一式持って見せました。交際費の出納簿を見て、三木さんは「こんなに飲み食いに使っている人、今どきいませんよ」って。

秋に取材を始めて、「年明け号から特集を始める」と編集長が言って、どうしていいのか分からなかったときに、「飲食にこんなに交際費を、税金を使っている首長は今、日本にいないでしょう」と言われたわけです。そこではじめて「これで記事になる」と。普通は編集部に電車で帰るんですけど、一刻も早く報告しようと思って、タクシーで帰ったのを覚えています。

二〇一六年に日本で公開された「スポットライト　世紀のスクープ」という米国映画で、（決定的な）文書を入手した記者がタクシーに飛び乗る場面があって、あの感じとすごく似ていました。

当時は不勉強でしたが、首長の交際費は基本、慶弔費なんです。あとは、地元の高校が甲子園に出たときに記念品を買って贈るとか、その程度のことにしか使わない。接待に使うことそのものが時代遅れだった。

●――三木さんの取材を終え、それから？

日下部――石原知事は何のためにこんなことをやっていたのか。それについて、直接事情を知っている人に聞かなきゃいけない。いきなり現職の都庁職員に取材しても簡単には言わないだろうから、辞めたばかりのOBを探して訪ね歩きました。局長や副知事を経験して辞めた人たちです。みんな、天下りして、公社の理事長とかになっている。石原氏に批判的な幹部は、当時もそれなりにいました。

「石原知事は何のためにこんなに交際費を使っていたと思いますか」と開示された公文書を見せると、ある人は「こんなことに使っていたの？　これは公私混同って言われてもしょうがないよね」って。局長や副知事も使い道を知らなかったわけです。

ある人は「ああ、びっくりした」って。金額が大きいことより、飲み食いに使っていることに驚いていた。しかも、相手はオフィシャルな人というより石原氏の古くからの友人です。「友達ばっかりじゃないですか、これ」って。まさに公私混同的なところに驚いたわけです。

●——現金出納簿には、飲み食いの目的を書いてあるんですか。

日下部——出納簿には書かれてないです。日付と額と接待相手の名前。「どこで」と目的については、別の文書を開示請求で取らないと分からない。

●——都庁では、誰が交際費の支出をチェックしているんでしょうか。

日下部——当時は秘書課です。秘書課は内容を分かっています。秘書課長も書類に判子をついてますから。

●——知事らの交際費はだいたい、どこの都道府県や市町村でも、所管は秘書課ですよね。普通は、例えば、料亭で飲み食いした時は、そこでキャッシュで払うわけはないので、料亭から請求書が役所に来るんです。その請求に基づいて、担当職員が振り込み手続きをする。交際費の支出に関する書類を起案して。

日下部——そうです、そうです。

●——新聞社でも、外の人と懇親会があって領収書を会社に出す時は、「これ、ちょっと駄目だよ」とか、「何でこんな値段なの」とか、チェックが入ります。特にここ数年は厳しい。そういう内部の機能が都庁にはなかったのでしょうか。

日下部——厳密に言うと、それは監査委員でしょうね。建前上は執行機関の都庁ではなく、監査委員や議会が支出をチェックする形です。都庁に「内部監査室」みたいな部署があったわけではないですから。

サンデー毎日の連載では、一回目を交際費にしました。連載は全部で六回。二回目は日程表でしたから「非常勤知事だ」という感じで書きました。

この連載は基本的に「税金のこの使い方はいかがなものか」という内容でした。規則違反は一つしか見つけられなかった。いわゆる「官官接待」[3]が騒がれた一九九〇年代、東京都は内規を作り、「交際費で公務員を接待してはいけない」と定めていたんですね。交際費の公文書を見ると、国会議員とか、都議会議員とか、都の参与を接待している。参与とは、知事自身が任命した特別公務員です。だから「これは内規違反ではないか」という指摘はしました。

●──そうした取材は、警察取材とは方法が全く違うわけですよね？

日下部──あの取材で何を学んだかというと、夜間に取材先の自宅を訪問する「夜回り取材」をやらなくても、分かることはたくさんある、ということです。それが新鮮な驚きでした。しかも、東京都知事のことは当時、マスコミの誰も調べてなかった。オンブズマンもやっていない。自分が一番乗りだとは、想像もしていなかった。

報道からしばらくして、都内の無所属の区議たちが交際費や旅費について住民訴訟を起こし、一審で勝訴します。それをきっかけに共産党都議団が調べ始めて、二〇〇六年の暮れに「サンデー毎日」の連載とほぼ同じ内容を発表するわけです。それによって、他の新聞やテレビが報じるようになり、〇七年の知事選で「都政の私物化」が争点になる流れができた。しかし、あの連載から三年もたった後ですよ。

連載している時は、共産党も反応なくて、都知事選が近づいてから行動を起こした、という感じですね。連載時には監査委員の一人が民主党（現・民進党）の都議だったから、「監査委員なのに何もしないんですか」と聞いたことがあるんですね。「それが何か？」みたいな反応しかなかったことを覚えています。

振り返って思うのは、あれだけごそっと資料を取って、一カ月、二カ月を費やして書いた記事を追い掛けるのは、他のメディアにすれば無理だったんだろうな、ということですね。

●――この石原都知事の連載で、開示請求に目覚めたわけですか。

日下部――目覚めました。あれが原点です。

石原知事が週に二、三日しか都庁に来ないということは、日程表から分かったんですが、最初は役に立つ情報かどうか分からなかった。でも、パブリックな人が記録を残さないで、「庁外」の一言で済ませている方がおかしいんじゃないか。そのことに途中で気付いた。秘書課長への取材からです。

「『庁外』って書いてあるけど何ですか」と聞いたら、「知事が『予定を入れないでくれ』と言った日だ」と。知事がどこで何をしているか把握していないというんです。「じゃあ、連絡を取れないじゃないですか」と聞いたら、「いや、SPがそばに居て、無線は通じていますから」と。「直接、秘書課からは連絡を取れないんですね」に対しては、「でもSPがいるから大丈夫」と。一二〇〇万人の都民の命を預かるトップが、こんな心もとない連絡体制でいいのかと。

つまり、情報開示で得た公文書は取材の端緒であって、それを元に取材を続けて本当のことが分かってくるわけです。

よその知事の例もいろいろ調べたんです。高知県知事の橋本大二郎さん（当時）は、知事室に誰もが見られるライブカメラまで入れていた。そうした例に比べると、石原知事の不透明さは明らかに異常なわけです。そうしているうちに、スカスカの日程表自体が報じるべき内容だ、と思い至った。

取材に着手した時は、日程表の「庁外」の部分、日程の空白を取材して、本当はどこで何をしていたかを明らかにしなければ、というプレッシャーがあった。空白を埋める取材は確かに必要かもしれないけれど、「全部明らかにできなければ記事にできない」というそれまでの感覚は間違っていましたね。

●――なるほど、なるほど。

日下部――それまでの一〇年間ぐらいの経験による感覚だと、「庁外」が本当は何だったかを明らかにしないと記事にならない。支局の警察担当だったとき、休眠している財団法人が売買されているのではないかという事案を取材したことがあるんですが、一〇〇％明らかにできなかったので、記事にできなかった。石原都政の時はまず、スカスカの日程表を公文書として堂々と出してくる、そのこと自体を先にニュースにしていいんだ、と。それに気付いたわけです。つまり、「情報がないこと自体がニュースになる」と。

●――石原知事の記者会見で、この問題はどういうやり取りに？

日下部——石原氏の記者会見は毎週一回ありました。で、連載の掲載が終了した後、会見で聞きました。質問の言葉は忘れたけど、答えはひどかったです。「何か文句あるのか、君は」「そんなちまちましたことを聞かずに、もっと大きい質問をしろよ、天下の『サンデー毎日』が」という感じです。それで連載の第六回を作り、その一問一答全部、二ページつぶして書いたんです。

知事は概略、こんなことも言っていました。

「交際費が高いとかっていうけども、私の人脈は(以前の知事に比べて)千倍ぐらいあって、その千倍ある人脈の中からいろんな知恵をもらっているんだから、それをもって公金の無駄遣いとか言われるのは心外だ」とか。「ガラパゴス(諸島)に一泊五〇万円の船に乗って行って、これもおかしいんじゃないですか」と質問したら、「それは、小笠原の公園を造るためには必要なエクスペンス(支出)であって」とか。まだ質問残っていたんですけれど、最後は「もういい」みたいな話になって、「あとは事務所に聞け」とか言って会見場を出て行きました。

その間、他メディアの記者は聞いているだけで、ほとんど質問しない。いつもの「石原節」みたいな感じに受け止めたのかもしれません。

●——**少し古い話ですが、田中角栄は金脈問題で失脚しました。その端緒となった「田中角栄研究」[4]を立花隆さんが月刊文藝春秋で発表したとき、政治記者は「あの情報はみんな知っている」とうそぶいたと言われています。実際、後追いもせず、無視した。**

NHK記者だった川崎泰資さんと、数年前にお話する機会がありました。川崎さんは田中金脈の時、現役の記者です。川崎さんによると、当時の自民党担当記者は、金脈の話を「話とし

ては聞いているけど、でも、それは話として知っているに過ぎなかった」と。結局、うわさのようなものを知っているだけ。報道できるほどのレベルまで取材してなかった、と。「知っている」と「報道できる」の間には、雲泥の差があった、と。

日下部――そうです、そうです。その話は「政治部は知っていたけど、書かなかった」という例に使われますけど、要は記事にできるほどには取材していないんですね。

●――石原氏のこの件については、ほかのメディアは知っていたのでしょうか。

日下部――交際費の支出先とか、海外視察の費用が高額であるとか、そういうことまでは知らなかったと思います。調べないと分からないですから。でも、週に二、三日しか都庁に来ないことは、記者クラブ員だったら分かる。記者クラブに配布される日程表に書いてある。だけど、それを報じるべき問題だと思わなかったわけです。いつも思うのは、クラブ詰めの記者になると、日々の動きを追うことばかりに目が行ってしまい、それ以外の感度が鈍くなる。それは間違いないと思います。

私はその後、国会議員の資産を調べたり、選挙運動費用を調べたり、そんな取材を手掛けました。政治団体の政治資金収支報告書などは、調査報道の基本中の基本の資料なわけですよね。よく、政治部記者は政治団体の政治資金収支報告書を一枚ずつめくったり、内容を洗ったりしないと言われます。でもそれは、サボってるという意味ではなくて、彼らは常に、さっき言ったように、取材先の日々の動きを、政局の動きをフォローしている。善し悪しを別にして、それが現実に政治部の役割になっているわけです。収支報告書をめくることをしないのは、まずは物理的に忙しく、時間がないんだと思いますね。

●——「サンデー毎日」時代は、ほかにも開示請求を手掛け、それに基づく報道を？

日下部——ＮＨＫを取材しました。ＮＨＫは特殊法人なので開示請求の制度があるんです。なので、会長らが使う車の運転記録などを取りました。大相撲のチケットをＮＨＫがあちこちに配っていた問題などを書きましたね。

ＮＨＫのときに私、学んだことがあるんです。公開情報を使って特定の問題をしつこく報道していると、組織の中で反応して非公開の情報を出してくれる人が出てくる。ＮＨＫの場合はカラ接待の領収書をくれたんですね。現職の方があるＯＢの方を通じて。企業を接待したという伝票だけど、実際にはやってない。自分たちの飲み食いに使っているぞ、と。

これに関して取材した企業はＪＲやキヤノンなどです。企業側に確認したら「そんな接待は受けていません」と。ＮＨＫの職員が勝手に企業の名前を借りて伝票を作っていたということです。上層部の問題にまでは進めず、受信料で自分たちの飲食代を払ってたっていう、せこい話で終わってしまいましたが。

「文書がなかった」ことの意味を深追い

**●——日下部さんは二〇一五年九月二八日の毎日新聞朝刊で、大きな記事を書いています。安全保障関連法案をめぐる議論の中で、安倍政権は歴代政権が引き継いできた憲法解釈を変更[5]し、憲法

学者からも大きな批判を浴びます。実はその過程で、内閣法制局[6]による憲法解釈の変更について、その協議経緯を法制局が残してなかった、と。衝撃も大きい、見事な調査報道だったと思います。取材のきっかけはどこにあったんでしょうか。

日下部――最初はネット上で見たニュースでしたね。国会質疑で横畠裕介長官が議員に「法制局の中で反対意見はなかったのか」と質問され、「ありませんでした」と答えた、と。にわかには信じられなかったので、情報公開請求をして確かめることにしました。

ただ、私は勘違いしていた。少しややこしい話ですが、最初に請求したのは安保法の法案に関する文書だった。法案を作るとき、原案を作る省庁は、その原案を法制局に持ち込んでいろいろとチェックを受けます。それを法令協議といいます。最初はその記録を法制局に請求したんですね。

内閣法制局も開示請求の窓口は、総務課です。ただ、実際の文書の管理は分野ごとに部に分かれているので、結局、各部に聞かないと、求める文書があるかどうか分からない、と。そう言われました。安保法案については法制局第二部が担当で、その第二部の担当者から電話が掛かってきた。親切な方で、どんな文書がほしいのかという私の説明を聞き、「趣旨は分かるんですけど、法制局には、あんまりそういう議論を記録したものは、ないですよ」って言われました。

●――なるほど。

日下部――実は、二〇一三年に、特定秘密保護法（特定秘密の保護に関する法律）の法案がどうやってできたかについて、そのプロセスを示す文書、つまり法令協議の記録を開示請求して、手元に持っていたんです。この時、法制局と協議したのは主に内閣情報調査室、いわゆる「内調」です。この秘密保護法の法令協議の記録を読むと、結構、きちんと法案作成の過程が書いてあるんですよ。自分はそういう文書をイメージしていたので、「法制局にはそういう文書はない」と言われて、「え？」と。

そして、しばらくして、はたと気付いたわけです。そもそも国会で横畠長官が「議論はなかった」と言ったのは法令協議のことではなくて、その前段で行われた憲法解釈の変更に関する閣議決定の方だということに、です。遅ればせながら、です。

だから、まずは法令協議ではなくて、閣議決定に関する法制局内の文書を請求しないといけないんじゃないか、と。それで法制局に行き、親切だったさっきの第二部の方に改めて説明したわけです。そうしたら、「それは第一部です」と。

●——**内閣法制局の第二部は、各省庁間との法令協議を担当し、第一部は憲法解釈を担っていますね。**

日下部——そうです。で、その日のうちに第一部の方から電話があって、「閣議決定について局内の議論を記録したものはありません」って言われました。再び、「え？」です。その瞬間、これは記事になると思った。「ない」と言われましたが、一応、その文書の開示請求はしました。国会での質疑が六月、請求は七月です。

その後、開示請求の結果を待たずに法制局への取材を始めました。「ない」という正式な言質を取って、長官OB、政治家などにも取材して。その中で、安保法と憲法などの問題を扱っていた与党協議のメンバーにも同僚記者に取材してもらいました。そもそも、憲法解釈を変更する閣議決定はどういうプロセスでできたのか。法制局の内部だけではなく、外側も含めてのプロセスを把握したかった。

分かったのは、横畠長官は事前に公明党の北側一雄さんや自民党の高村正彦さんと会っていた、と。そこら辺は朝日新聞のほうが詳しいんですけど。

●――**なるほど、なるほど。**

日下部――そうした中、内閣法制局はもともと、内部の協議をほとんど記録に残してなかったことが分かってきました。

●――**記録を作ってない？**

日下部――作ってない。特に、情報公開法ができた後は、政治家から何か言われたとか、そういう機微な事柄については、自分の手元ではメモするけど、シェアするようなかたちでは作ってない。公文書としても残していない。

●――**開示対象になるのを避ける目的ですか。**

日下部――おそらくそうです。そういうことを証言するOBもいます。

●――**憲法解釈の変更に関する記録を残さなかったのも、そういう意図で？**

日下部――そこまで確定的には分かりませんでした。「もともと口頭でやりとりする役所だ」という雰囲気はあったようです。「みんな、法律の玄人みたいな人たちばっかりなので、いちいち残さなくても、あうんの呼吸で分かるんだ」みたいなことを、あるOBは言ってましたけど。

●——当時は国会も大紛糾していた最中です。日下部さんの記事に対し、社内で尻込みするようなことはなかったですか。

日下部——それはないです。むしろ、私もデスクも「文書がないという話はすごく地味。ちょっとマニアックかな」って。

●——その記事の価値はどこにあると考えていますか。

日下部——あれだけ大きな憲法解釈の変更があって、日本の外交、防衛、そして国のかたちが変わっていく。その転換点について、何十年もあとの人が「あのとき、何があったのか」と考え、調べようと思っても、文書がないと分からない。歴史の検証に耐えられないということでしょうね。サンデー毎日時代の石原都知事の話にしても、あれは文書に記録が残っていたから検証できたわけですよ。

秘密保護法の制定のとき、「これで日本は戦前に回帰する」とか何とか盛んに言われていましたよね？　もっときつい言葉で言う人もいた。

ただ、戦前は情報公開に関する法制度はなかったわけで、自分としてはこの情報公開を使って、秘密法保護制をどこまで明らかにできるだろうか、そういう考えはありました。

●——はい。

日下部——それで秘密保護法に関する法令協議の文書を開示請求したわけです。すると、法案の閣議決定の前に開示されたものは、ほんと、真っ黒に塗られて出てくるんです。法案を出す前は一切開示しない、という姿勢はおかしい。ただ、閣議決定の後は、何段階かに分けてのさみだれ式でしたが、黒塗りはほぼない状態で出てきました。

情報公開法五条に情報を開示しなくていい場合の条件が書いてあって、その中に「（政府内での）率直な意見の交換若しくは意思決定の中立性が不当に損なわれるおそれ」「国民の間に混乱を生じさせるおそれ」というのがあります。だから、法案が閣議決定される前の請求に対しては「法案ができる前に、その協議を明らかにしたら国民の間に不当な混乱を起こし、かつ、法案・法令作成の中立性が保てなくなるため開示しない」という趣旨の決定通知が来る。要するに、「法案を作るまでは、おまえたち国民には何も知らせない」と。すごい上から目線だなと思って、驚愕《きょうがく》したことがあります。

日下部——当然のことながら、記者も一般市民も、公開制度の前では同じ立場ですよね。

もちろんです。一般市民の中にも、調査能力のすごく高い方はいます。ただ、そういう人たちを別とすれば、多くの市民は日々の生活に忙しくて、なかなか情報公開制度を使って何かを調べようという気にはならないでしょう。一方でわれわれは職業として伝えるべきニュースは何かを常に意識しているわけです。取材の材料は実は、いろんな所にある。

今までの記者って、ネタを取ってくるノウハウとか、精神論とか、そういうのはすごく意識してきたと思うし、実際、業界でもいろいろ言われてきた。それはある意味、自分が一人で海にこぎ出していって、一本釣りで、でっかいマグロを釣ってくるみたいな感じですよね。「すげえだろう」みたいな。それはすごいんですけど、ただ、その後にやっていたことは、ただ切り身にして投げ売りしていたみたいな。そういう印象なんです。

今は、マグロを釣ってくることはもちろん必要ですけど、それ以外にもいろんな所にありとあらゆる食材、つまり情報があふれている時代です。切り売りじゃなく、「これはこういう栄養があって、こういうふうに食べると、世の中がよく分かる」みたいな、一種の料理人ですね。記者にはそういうセンスがもっと必要なんじゃないのか、と思います。

●――日下部さん自身、「あれは画期的な開示請求だったな」と自己評価しているものはありますか。

日下部――自分じゃないですけど、目からうろこが落ちたのは、石原さんのときに、共産党都議団がメールの開示請求をやったんです。当時、石原都知事は四男に美術関連事業に参画させたりとか、まさに公私混同的なことをやってたことがあって、共産党都議団は、その担当部局と四男関係者のメールを請求したんですね。そこには「(四男の)旅費は都庁持ちで」とか書いてあって、それが問題になったんです。その手があったか、と。

●――公務員は公務でパソコンを使います。その時にアクセスしたインターネットのURLを請求したことは？

それはないですね。でも面白いですね。

●――結局、開示請求では、どういうところに狙いを付けているんでしょうか。

日下部――何かが起きてるときは、いつも考えています。例えば安保法制の関連でも、何を請求したら、何が分かるか、分からないか、とか。常に頭にありますよね。日々起きてることについて。

請求の際も工夫はします。「何とかに関する一切の文書」として請求する時も、メールを逃さないように、「電子メールあるいは電磁的記録を含む」という書き方をしたり。

官僚は情報を出さないために、いろいろ考えていますよね。どう考えても組織で共有してるとしか思えない文書であっても、「個人のメモ」だと言って出さない。甘利明・前経済再生担当大臣の案件[7]もそうでしたが、政官接触の記録などは特にその傾向が強い。ある経済産業省OBは、やばい話は個人メモということにして、開示請求の対象にならないようにしていたと。公務なのに文書の運用が非常にあいまいなままなんです。自分がやった仕事は自分でファイルにきっちりやってる人もいるし、散らかしちゃってる人もいるしっていう、属人的な管理になってる。

結局、自分の経験では、いろんな開示請求をしましたが、手書きのメモが出てきたことはありません。普通の文書に手書きで何か書き加えたものは時々ありますけど。

でも、本当にそれでいいのかどうか。

例えば、公務員が国会議員と会ったときは記録しなきゃいけないっていう枠組みがあります。国家公務員制度改革基本法という法律です。先ほど、横畠内閣法制局長官が自民党の高村氏ら会っていたと言いましたが、これも本来なら記録に残さないといけない。横畠長官が残してなかったとすれば、公文書管理法にも反してるし、国家公務員制度改革基本法にも反してるんじゃないか、と。で、開示請求して「接触の記録はない」と言われたら、「ない」と記事に出来る。

●――**かつては記録に残していて、請求されたら黒塗りで出していた。今は、そもそも記録を残さない。そんな傾向を感じませんか。**

日下部――そうそう、そうなんです。だから、一つの方法としては、あって当然の文書がないケースを次々に報じていく。それをやらなきゃいけない。

だけど、やっぱりその先ですよね。どうしたらいいのか分からないですが、本来残すべき記録が全然残らなくなっていく、そういう社会でいいのか、と。非常によくない。さっき言ったような、後世の人が、何があったのかを検証できない社会。それでいいのか、ということです。

●——**それに関連して。愚問ですが、「自分は問題だとは思うけど、これが果たして公益に関する問題だろうか」という迷いが生じることはないですか。例えば、他紙が反応しなくて、自分だけが反応して、そういうときに「自分のこの感覚ってどうなんだろう」とか。**

日下部——それはありますよね。公文書のあれこれを記事にしても、一人だけいきり立ってるのも何か変なのかな、とか。

●——**「一般の人にも、分かりづらい記事じゃないか」とか？**

日下部——そうなんです。内閣法制局の報道にしても、一般の人が読んでほんとに分かってくれているんだろうか、って。そういうのは常にある。思い切り分かりやすく書いたつもりでも、新聞記事は同じテーマの記事をある程度継続して読んでいないと、途中から一本だけ読んでも意味がよくわからない、という部分がどうしてもある。新聞記事は長いもので百数十行、うんと長くても二百数十行です。文字数にすれば一〇〇〇字から二〇〇〇字余り。説明しきれないことのほうが多いのに、その狭いスペースだけで完結させるやり方の限界はあると思います。

ついでに言うと、新聞はいま、多くの仕事が「守り」だと思うんですね。いろんな役所に担当を置いて、そこで起きることを追い掛ける。一人の記者が複数の話題を処理しなきゃいけない。そういう状態に常に置かれています。ビジネスとしての新聞は苦しくなっていますから、記者の数も減っていくでしょう。にもかかわらず、これまでと同じ陣形を維持しようとするのであれば、戦線が薄くなっていくだけです。

例えば、二〇一六年に辞任した舛添要一都知事(当時)の政治資金問題[8]の取材は、都庁担当には難しい。それを追及しようと思っていても、その前に今日の仕事をやらなきゃいけない。そんな状態だと思うんですね。

●——結局、個人の志の部分に頼るしかないと?

日下部——いいや、そうではないでしょう。新聞の役割、活字メディアの役割全体を今の「速さ」ではなく、「深さとか幅広さ」にシフトしないと、メディアとしても生き残れないんじゃないか。日々のニュースについては、基本的には通信社の速報を使って、テーマごとに幾つかチームをつくってオール遊軍みたいな感じで取り組む。ストレートニュースよりも、調査報道とか企画・特集フィーチャーで読ませていく。そういう方向じゃないでしょうか。

調査報道で言うと、一般的な取材についての研修制度は社内にあるけど、開示請求も含めて、公的な情報の収集法についての体系的な研修メニューはないんですね。本当は、社内の部の枠を乗り越え、メディア企業の枠も越えて、取材のノウハウを引き継ぐ仕組みをちゃんと作りたい。

これまで、取材手法の伝え方は、要するに先輩から後輩に対し、「記者っていうのはな、おまえ、相手の懐に飛び込んで情報を取ってくるんだよ」みたいな感じでしょう？　いわば、個人の武勇伝。そういう話は面白いんだけど、「だから何？　それ、俺に言われてもね」って思う部分もある。

私が記者になったばかりのころは、何かクローズドな場所で取材相手との間でインナーサークルを作り、そこで何か独占的に情報を取ってくることに、すごく価値が置かれていました。でも、メディア状況がこれだけ変わってきて、情報の流れ方が大きく変わる中で、本当はもっと、「情報やノウハウをシェアする」という考え方があっていいと思います。むしろ、そっちに舵を切らないといけないのではないか。市民もマスコミの情報を受け取る相手としてだけ見るのではなく、本来はジャーナリズムと協働、協業する存在のはずなんですね。

そういう発想に基づく取材は、例えば、今の警察取材の在り方の中では極めて難しい。警察取材や政治取材は、そういうインナーサークルを作って取材する形の典型ですよ。私には、そういうインナーサークル取材がより高く評価される新聞社の文化に違和感がずっとあった。

いま、メディア環境が大きく変わっている。新聞記者だけが発信できるわけではなく、二四時間一市民が発信できる。だからこそ、取材の手法や発信の方法は変わっても、記者の役割はむしろ変えてはいけないのではないか。いろんな有象無象が世の中にはあるけど、「これこそが公益にかかわる本当の問題なんですよ」ということをクリアに示す。その役割をもっと押し出していく必要があると思っています。

［用語解説］

1―政治腐敗を撃つ―「不信」の明細書

毎日新聞社会部が、政治権力の腐敗の実態を追ったキャンペーン報道。副総理や建設大臣などを務めた金丸信や竹下登首相らの錬金術を暴き、政・官・業・暴力団の癒着構造を明らかにした。一九九三年のＪＣＪ（日本ジャーナリスト会議）賞受賞。

2―情報公開クリアリングハウス

公的機関の情報公開を拡充、市民の知る権利を擁護することを目的に、一九九九年に設立されたＮＰＯ法人。情報公開請求で公開された福島第一原発事故に関わる公文書を収蔵し、アーカイブ化してウェブで公開している。理事長は三木由希子さん。

3―官官接待

地方自治体の公務員が、補助金の決定権を持つ中央省庁の官僚に対し、公費を使って飲食などの接待をする行為。全国市民オンブズマン連絡会議は一九九五年七月、情報公開請求の結果を基に、全国の地方自治体で約二九億円が官官接待に使われていると公表し、大きな社会問題となった。自治体の「食糧費」「会議費」「報償費」が原資になるケースが多く、官官接待をしたように装って役所の裏金にしていた例もあった。

4―田中角栄研究

立花隆氏が一九七四年、月刊誌「文藝春秋」一一月号に発表した。田中角栄首相の金脈と人脈をめぐる記事で、ファミリー企業が一九六九～一九七〇年にかけて約四億円で買収した信濃川河川敷の土地が、直後に建設省の工事によって時価数百億円になった経緯を明らかにした。立花氏が他の取材記者とともに、登記簿など公開情報を使って調べ、直接関係者に取材した調査報道。これをめぐる一連の問題は「田中金脈問題」と呼ばれ、田中内閣の総辞職につながった。

5―憲法解釈変更

政府は二〇一四年七月一日の臨時閣議で、歴代政権が「憲法九条の解釈上、禁じられている」としてきた集団的自衛権の行使を容認すると決定。自国が攻撃を受けていなくても、日本の存続が脅かされるなどの要件を満たせば、他国への武力行使は許される、とした。これに基づき、二〇一五年九月一九日には、安全保障関連法が参院本会議で自民、公明両党などの賛成により可決、成立した。「専守防衛」を掲げた戦後日本の安全保障政策を大転換する内容。日本は「戦争ができる国になった」と言われ、大規模な反対集会やデモが全国各地に広がった。

6―内閣法制局

内閣直属の機関。政府が提出する法案や政令案、条約案が憲法に違反していないかなどを審査する。積み重ねてきた法解釈との整合性を重視した厳格な審査をすることから、「法の番人」と呼ばれてきた。トップの内閣法制局長官には次長を経て就任するのが慣例だったが、安倍晋三首相は二〇一三年八月、外務省出身の小松一郎氏を登用。その後任として横畠裕介氏を充てた。

7―甘利明・前経済再生担当大臣の案件

千葉県の建設会社が、道路工事の補償交渉を有利に進めるため、都市再生機構（UR）に対する口利きを甘利氏側に依頼し、計一二〇〇万円を提供した、と週刊文春が二〇一六年一月に報じた。甘利大臣は記者会見し、大臣室と地元事務所で計一〇〇万円を受け取ったことを認め、辞任した。秘書が五〇〇万円を受け取り、このうち三〇〇万円を自ら使ったことも明らかにした。東京地検特捜部は、あっせん利得処罰法違反容疑で告発された甘利氏本人と元秘書二人を不起訴とした。

8――舛添要一都知事の政治資金問題

高額の海外出張や公用車の私的使用などが次々に発覚し、東京都知事だった舛添要一氏は二〇一六年六月に辞職した。二〇一四年二月の就任後、海外に九回出張、自らファーストクラスやスイートルームを利用し、同行職員の航空費などを含めた費用は二億円を超えた。政治資金関連では、二〇一三年と一四年の正月、家族と千葉県のホテルに宿泊し、「会議費用」として約三七万円を支出。舛添氏の政治団体が美術品一〇六点を三一五万円で購入したことなどが明るみになり、政治資金を私的に使ったと批判された。

4

調査報道の新しい形を目指す

アレッシア・チェラントラ氏（フリーランスジャーナリスト）に聞く

立岩陽一郎氏（調査報道NPO「iAsia」）に聞く

アレッシア・チェラントラ氏（フリーランスジャーナリスト）に聞く

「個」のジャーナリストとして立つ
取材情報はシェアする時代
調査報道記者の連携が「次」を切り開く

アレッシア・チェラントラ

一九八一年、イタリア生まれ。ベネチア大学、トリノ大大学院卒。二〇一一年、東日本大震災の被災地で取材を続け、英BBC放送などで記事を発表。二〇一六年、世界的な所得隠しを暴いた「パナマ文書」報道にジャーナリストの一人として参加し、日本関連の資料解析や取材を担当した。現在は、イタリアの調査報道センター（IRPI）で国際犯罪を追う調査報道などを手掛けている。

二〇一六年四月四日、ある文書の存在が世界を震撼させた。その名は「パナマ文書」（PANAMA PAPERS）。中南米のパナマにある法律事務所モサック・フォンセカから流出した一一五〇万点超の文書類のことである。

文書は、同法律事務所が一九七七～二〇一五年に作成。世界の企業や個人による租税回避地

（タックスヘイブン）の利用実態の記載があった。所得隠しの実態を暴く「パナマ文書」はスクープとして全世界で報道され、大きな衝撃を与えた。

文書が社会を驚かせたのには、いくつかの理由がある。

第一はその膨大さだ。文書のデータ量は二・六テラバイト（TB）。租税回避地に設立された法人は約二一万四〇〇〇社、関連する文書は約一一五〇万通に上った。第一報から約一カ月後の五月一〇日未明には、タックスヘイブンに設立された二一万四〇〇〇の法人とその株主らの名前や住所がインターネット上で公開された。

公開されたデータベースには、日本人や日本在住者約四〇〇人分の名前もあり、セコム創業者のほか、経営者や投資家らが回避地で法人を設立していたことが明らかになった。

第二は、各国の指導者や有名人らの名前が連ねられていたことだ。

文書の中に登場するアイスランドの首相は英領バージン諸島での資産隠し疑惑が発覚し、辞任に追い込まれた。英国のキャメロン首相（当時）も親族がパナマに信託資産を持っていたとして、非難された。ほかにも、中国の習近平国家主席の義兄、ロシアのプーチン大統領の側近、サッカーのメッシ選手、俳優のジャッキー・チェンさんらの親族の名も上がった。

なぜ、これほどまでに膨大で、極秘の内部文書が明らかにされたのか。さらに言えば、なぜ、これを報道できたのか。

それを可能にしたのは、国籍や企業を超えた記者の連携による調査報道という新しい形である。

パナマ文書の取材、報道の中心を担ったのは、非営利組織の報道機関「国際調査報道ジャーナリスト連合（ＩＣＩＪ）」だ。六〇カ国以上の報道機関の記者が連携し、国際的な汚職や犯罪を調査報道する組織である。一九九七年に設立され、これまでにも世界銀行の機能不全や大手たばこ企業の犯罪組織との癒着などを明らかにしてきた。

「パナマ文書」問題の始まりは、欧州有力紙南ドイツ新聞へのインターネット上の暗号通信だった。共同通信は取材、報道に至る過程を以下のように報じている。

「私の持っているデータに興味があるか」。14年末に匿名の人物が南ドイツ新聞に暗号通信を使って接触した。「直接は会えない」「犯罪を明らかにしたい」。この人物は文書の提供にあたって条件や理由を説明。暗号通信でやりとりが重ねられた。

資料に信頼性があると判断した同紙は国際調査報道ジャーナリスト連合（ＩＣＩＪ）に合同取材を要請。英紙ガーディアンやフランス紙ルモンド、共同通信など約80カ国の報道機関は国ごとにさらに分析、取材し、日本時間四日午前３時から一斉に報道を始めた。

パナマ文書の報道には、約八〇カ国のジャーナリスト約四〇〇人が国や報道機関の枠を超えて取り組んだ。日本企業や株主を担当する「日本チーム」には当初、いずれもイタリア人でフリージャーナリストのシッラ・アレッチさん、アレッシア・チェラントラさんが名を連ねていた。二人は二〇一五年夏ごろから、調査、取材を始めた。二〇一六年年明け以降には、朝日新聞、共同通信の記者も加わった。

調査報道の国際連携という形は、いかにして生まれたのか。そこに集った記者らはどのようにして調査報道を行ったのか。「日本チーム」の中心メンバーの一人、アレッシア・チェラントラさんに取材の内幕を聞いた。

パナマ文書報道　取材過程

2011年	3月3日	アレッシアさん　ジャーナリストに
	3月11日	東日本大震災・原発事故。後にアレッシアさんは現地取材
2012年		イタリアの調査報道センター（IRPI）創立
2014年	年末	南ドイツ新聞記者に匿名の人物が接触。「データに興味はあるか？　犯罪を公にしたい」と「パナマ文書」を持ち込む 南ドイツ新聞は、国際調査報道ジャーナリスト連合（ICIJ）との共同分析を選択
2015年	夏ごろ	**アレッシアさんがパナマ文書取材に参加、日本担当に。別のイタリア人ジャーナリストとともに分析開始**
2016年	1月23日	ICIJ副事務局長が朝日新聞記者にメールで、パナマ文書プロジェクトへの参加要請
	2月18日	ICIJが、朝日新聞側にパナマ文書のデータベースにアクセスできるパスワード送付
	2月下旬	共同通信が参加 このあと、**アレッシアさんらイタリア人ジャーナリストと朝日、共同記者の計4人がスカイプなどで情報交換**
	3月ごろ	パナマ文書の全データそろう。計2.6テラバイトに
	4月4日（日本時間）	ロシア大統領やアイスランド首相、サッカーのメッシ選手らがタックスヘイブンを利用している実態を、一斉報道
	5月10日	ICIJ、パナマ文書リスト公開
	5月26日	伊勢志摩サミットでG7首脳が課税逃れ阻止で結束確認

※アレッシアさんへのインタビュー、各種報道に基づく

ジャーナリストを目指したわけ

●――そもそもからお聞きしたいんですけど、アレッシアさんがジャーナリストを目指したのはいつからですか。

アレッシア――まず、ベネチア大学で日本語を専攻して、日本語を四年間勉強しました。卒業論文は江戸文学、特に読本。（ジャーナリズムとは）全然関係ありません。二〇〇二年、大学二年生のときに日本に行き始めました。学生として、サマースクール、日本語学校に通い始めて、三カ月とか六カ月学校に通って…。日本はこんな国だっていうのが分かるようになりました。イタリアのメディアでは、あんまり日本のニュースは入ってきませんでしたから。

卒業して一年後、できれば日本についての記事を書いて、イタリアの読者のために、本当の日本、私から見た日本を知らせたいと思うようになりました。だから、ジャーナリストを目指したのは日本がきっかけです。

●――なるほど。

アレッシア――最初に日本へ来たのは二〇〇二年です。それ以降、毎年、日本に来ました。一年にだいたい二回。だから、一五年前からずっと日本に年二回、行ったり来たりしているんです。いつも日本人の家族と一緒に住んでいたので、とてもいい経験になりました。本当の日本人の生活ができて、しかも、江戸っ子の家族だった。本当の日本人の生活が分かったら、日本の政治や経済に興味を持ち始めて…。日本はアニメや漫画の国だけではないということをイタリアの読者に伝えたいと思って…。

そんな理由で、ジャーナリズムに興味を持ち始めました。イタリアの「Internazionale」という雑誌があります。日本の雑誌「クーリエ・ジャポン」にとても似ているんです。外国の記事をイタリア語に直して雑誌にします。週刊ですね。私は毎週、日本のいろいろな雑誌を読んで、一番興味ある記事を選んで、イタリア語に直してまとめていました。

——それはフリーランス契約で？

アレッシア——私はずっとフリーランスです。二〇〇七年二月から。

——どんな雑誌のどんな記事をイタリアに紹介していたんですか。

アレッシア——基本的には政治と経済です。あと、社会的な問題。よく使ったのは「週刊金曜日」「AERA」「週刊朝日」「週刊ダイヤモンド」「PRESIDENT」「FACTA」。もちろん「クーリエ・ジャポン」も。たまに、毎日新聞、東京新聞、朝日新聞も使いましたが、基本的に週刊誌とか月刊誌です。Fujisan.co.jpを通して読んだり、友達に送っていただいたり、そんな工夫をしていました。

——オリジナルの取材記事ではないわけですね。

アレッシア——そう、翻訳です。でも、二〇〇五年に大学を卒業して最初の仕事だったから、いい練習になりました。プロのジャーナリストの書き方、どうやって記事を作ったか、分かるようになりました。イタリアの記事の書き方と比較もできました。

——二〇〇七年から、何年までそれをやっておられた？

アレッシア──二〇一五年です。結構長いです。でも、二〇〇八年にジャーナリズムスクール（Jスクール）に入りました。二年間。イタリアの制度で、プロジャーナリストになるためには国家試験に受かる必要があります。

●──え？　そんな制度があるんですか。

アレッシア──私が知っている限り、ヨーロッパの中では、イタリアとポルトガルだけです。

●──フリーランスでも試験が必要？

アレッシア──もちろん、もちろん。具体的に説明します。

国家試験に受かるために、二つの方法があります。一つはニュースルーム、テレビとか、新聞に雇われ、二年間のトレーニングを積むこと。だけど、一〇年前から不況で、あんまりニュースルームは研修生、トレーニング生を雇うお金はなくなりました。

もう一つは、国家から許可されたJスクールに入ることになります。私が通っていたときは、全国で一二校しかなかった。各学校二〇人しか入れません。だから、入るための試験がありま す。六時間の試験です。

すごく大変で…。私の履歴書には、バックグラウンドで政治とか経済の勉強は何も書くことができなかった。日本語の文学、日本の歴史はすごく詳しいけれど、イタリアの政治とか経済はゼロぐらい…。それで、私、変わったの。

●──スポーツジャーナリストも同じですか。

アレッシア──テレビ、ラジオ、スポーツ、調査報道、みんな通る最初の道。二年間のトレーニングが終わってから、国家試験が行われます。国家試験では、一つの長い記事を書かないと駄目です。話題を選ぶことができます。タイトルは五つずつぐらいあって、その中で「私、これにします」って。その記事のために三時間か四時間。あとは、時事問題のテストがあります。さらに、プロジャーナリストが書いた記事の要約を書かないと駄目です。試験に受かったら面接があります。

●――誰が面接を？

アレッシア――プロジャーナリストや弁護士。いろいろな質問をされます。私がプロジャーナリストになったのは、二〇一一年三月三日です。(面接官だった)ジャーナリストから「合格です」と言われて…。だけど、その一カ月ほど前、日本は経済大国、二番目から三番目になったでしょう？　そのジャーナリストから「中国にしたほうがいい」とか「イタリアのことを復習したほうがいいんじゃない」と勧められた。でも、一週間後に「三・一一」。日本にいるイタリアメディアの正規の特派員は二人しかいなかった。

●――二人？

アレッシア――今は一人。そのときは二人。だから、いきなり、イタリアで一番メインのメディアから、いろいろなリクエストが入って。「La Repubblica」というイタリアのメインの新聞に記事を載せて、ほかの大手新聞社からも「記事を書いてください」と連絡があった。そのとき、イタリアにいたけど、何年も前からずっと日本に通っていたから、友達が日本にいたし、誰に連絡すればいいかすぐ分かった。イタリアから、日本の東日本大震災、福島第一原発の事故とか、東北の津波と地震についての記事を書きました。

●――**ジャーナリストとしてのスタートが東日本大震災だったと？**

アレッシア――プロジャーナリストとしての始まりはそうでした。その前も、雑誌と共同して、記事を出稿していました。プロジャーナリストではなくても、記事を書けるので…。二〇一一年の七月、お金を貯めて、フリーランスとして東北に行きました。すごく大変でした。ヨーロッパの中でもイタリアのフリーランスに対する扱いはすごく悪い。本当に生活になりません。ヨーロッパの中で一番低いフィー…。

●――**給料は。**

アレッシア――一ユーロから。

●――**え？　一ユーロから？**

アレッシア――それもあります。

●――**え？　記事一本が？**

アレッシア――そう。一つのちゃんとした記事に対して一ユーロ。もちろん、ちゃんと払っているものもあります。

●――**一ユーロ…。**

アレッシア――しかも、イタリアの生活費は高いですね。だから、いろいろなフリーランスジャーナリストによるデモ、プロテストがあります。最初に東北に行ったときから、イタリアのメインニュースペーパーに、私の記事を売りましたが、すごくがっかりした。本当に給料が入ってこない。

いくらか払ってくれたけど。本当に（金額を）言ったら固まっちゃうくらい安い。信じられないほど。

自費でイタリアから東日本大震災の被災地へ

●——「三・一一」の関連では、どんな記事を書いていたんですか。

アレッシア——東日本大震災が発生したとき、日本にはイタリアのジャーナリストは三人か四人しかいなくて、きちんとした特派員は二人だけ。フリーランスは私だけ。でも、書くことはいっぱいあった。いつも自分のお金で夜行バスに乗って、福島原発の近くに行った。ガイガーカウンターはNGOが貸してくれて……。

すごく行きたかったの。だって、何年も前からずっと日本語を勉強していた。私、すごく興奮して「お金がなくても行きます」って。貯金で飛行機のチケットを買って、東京まで来て、夜行バスで（岩手県の）花巻、花巻から釜石まで行ったの。泊まるところも決まっていなかった。一人で何時間も釜石の海沿いで歩いて、二時間後ぐらいに人と会うことができました。

●——二時間後？

アレッシア——そうそう。二時間後ぐらい。本当にゴーストタウンみたいだった。

日本人の友達などのおかげで釜石にいることができて、その結果、日本のジャーナリストと知り合いました。いきなり、彼からメッセージが入ってきて「日本のジャーナリストです。もしょかったらうちに空いている部屋がありますから」って。で、泊まらせてもらったんです。奥さんもすごく親切で…。

次の日、その彼が「明日、避難所で泊まりたい？」って聞いてきて、私は「はい。もちろん」と。それで、避難所に泊まりました。大槌町の学校です。西洋人で、女性で、一人でしょ？　大きいスペースに敷かれた畳の上で被災者の人たちと一緒に寝たんだけど、みんな、初めは白い目で…。「なんで、記者の人がここにいるの？」って驚いていた。普通、記者はホテルに泊まるでしょ。

●——日本人の記者もそこには泊まったりはしなかった？

アレッシア——それは分からないけど「初めてジャーナリストがここで泊まった」と言われた。一泊か二泊。そこでいろいろな取材ができて、長いルポができました。

●——避難所のルポは、採用されました？

アレッシア——はい。でも、（支払われた対価が）とても安かった。とても腹が立って、イタリアの同僚に「本当に、こんなに大事な記事を書いてもこんな金額ですか」と聞いたら「残念ながらそうです」って。それで、ほかのイタリアのフリーランスジャーナリストを取材して、みんなの経験をまとめて、イタリアのフリーランスジャーナリズムの状態について記事を書きました。イタリアでは、全体のジャーナリストの六五％はフリーランスなんです。

●——そんなにいっぱいいるんですか。

アレッシア——かつては六〇～六五％でしたが、今は六五％。不況のため、スタッフを首にしてフリーランスを使っています。正社員のジャーナリストは給料がすごく高いけれど、フリーランスは少ない給料で、さらに契約も切れるので。すごく問題。

●――国家試験まで受けているのに…。

アレッシア――イタリアではみんな知っているので興味を持たれないと思って、わざと英語にしました。「European Journalism Centre」から英語で出版されて、BBCにも載りました。記事を載せたBBCの編集長は「こんな状態だったとは本当に信じられない」と。一年後、その記事で「UNESCO」と「Reporters Without Borders」(国境なき記者団)の賞をもらいました。

●――すごいですね。原発関連では、何本くらいの記事を発表されましたか?

アレッシア――短いのと長いのを含めたら、五本。それ以上かもしれません。長い記事は(取材に)一年かかりました。例えば「The wave of reconstruction」という東日本大震災五年のためのプロジェクトは、四カ月かかりました。

二〇一二年からはBBCラジオに協力し始めました。そのときに取材したのが、福島県会津美里町にあるデータセンターです。データセンターは、廃校になった学校にできたんです。そこで働く人は、以前は農業など別の仕事をやっていた市民たちです。泊まり込みで取材して、BBCに送ったら、ラジオブロードキャストになりました。五分ぐらいですが、ラジオで五分は長いので。

●――原発取材で一番印象に残った記事を挙げるとしたら何ですか。

アレッシア――いわき市に「いわきアクション! ママの会」というグループがあります。普通のママたちがガイガーカウンターを買ってきて、自分で、放射線を測り始めたグループで、ちゃんとしたラボラトリー（研究所）までつくりました。放射線の問題は複雑でしょ？　複雑な資料とかデータを勉強することができるのは、私もすごく勉強になりました。彼女たちは、寄付を集めて機械を買った。その機械でシーベルトだけじゃなくてベクレルも何でも測ることができます。すごい人たちです。世界中にもすごくいいモデルになると思う。震災から五年の今年、「The wave of reconstruction」というプロジェクトで、また取材に行き、Radio Documentaryも記事もＢＢＣにも載せました。これは、ウェブサイトでも見られます。

パナマ文書取材　最初の接点

●――本題のパナマ文書について聞かせてください。アレッシアさんがＩＣＩＪ（国際調査報道ジャーナリスト連合）と接点、関わりを持たれたのはどういうきっかけで、いつ頃ですか。

アレッシア――私の友達のシッラ・アレッチさんはパナマ文書の取材に当たったジャーナリストの一人なのですが、二人とも調査報道にはいろいろと関わってきました。

私は二〇一二年にイタリアで最初のインベスティゲイティブセンターをつくりました。正式名は「Investigative Reporting Project Italy＝ＩＲＰＩ」（調査報道センター）です。そのときからずっとＩＣＩＪとは連絡を取ってきました。毎年、いろいろな所で調査報道の会議があります。「Global Investigative Journalism Conference」「Investigative Repoters and Editors

Conference」などです。

二〇一一年六月、「Investigative Reporters and Editors」(IRE)という会議に、シッラさんと一緒に行きました。それが大きかった。

――それは、どこで?

アレッシア――アメリカのフロリダ州オーランド、タンパ。そこで、私もICIJを初めて知りました。以前は「アメリカとイギリス風の調査報道って何?」というぐらいでした。そのときに世界が開けた。

二〇一五年の夏、ICIJがシッラ・アレッチさんに「パナマ文書のプロジェクトに参加したい?」と連絡し、シッラさんが「アレッシアさんもどうですか」と声を掛けてくれました。シッラさんはアメリカに住んでいて、直接、ICIJのメンバーと会えます。当時、私はイタリアのテレビ局との短期契約が終わり、フリーランスに戻ったときだったので、パナマ文書の取材に参加することにしました。

――それが二〇一五年夏ですね。具体的に何をすることになったのでしょうか。

アレッシア――「Forbes」を使って、政治家とか、ビジネスマンとか、高所得の日本人の名前のリストを作りました。そして、毎日、名前を入れて、いろいろなキーワードで探し始めました。何か名前を見つけたら、エクセル(Excel)に載せて、その人の関係性をリサーチしました。租税回避地の中で、どんな日本の会社があるか、名前が出てくる人は本当のオーナーか、後ろに誰がいるか、そういう調査をしました。

文書は英語とスペイン語ですが、日本人の名前は分かります。すごく簡単です。例えば、ワン（Wang）は中国人。タナカだったら日本人。分かりやすいです。

●――膨大なパナマ文書の全情報の中から日本人の名前を拾っていったと？

アレッシア――例えば「Forbes」に日本人のリストがあったとして、その名前をパナマ文書のデータベースで検索してみます。文書はＩＣＩＪがデータ化し、参加したジャーナリストが自由に使える仕組みになっていました。

●――なるほど。それで、ヒットするかどうか。

アレッシア――すぐヒットするわけではありません。何百、何千ページと資料を読まないと駄目でした。古い資料もあったので、それは検索にかけても駄目で、読まないと分かりません。

●――シッラさんとは、どうやって作業を分けた？

アレッシア――時期によって違います。例えば「私はこのリスト、シッラさんはこのリストにしてください」とリストごとに分けたり、別のときは、私がパスポートを、シッラさんが別の資料の種類を調べたり、と。私とシッラさんは毎日、スカイプで会話して「こうしましょう。今日はこの名前探しましょう」と。最初のころは、そんな感じでした。試行錯誤でした。

●――当初から大規模な調査報道になる予感はありましたか。

アレッシア――最初からすごく大きいと思った。まず、資料の数がものすごかったから。しかも、登録しているジャーナリストは一〇〇人以上でした。その数だけ見ても大事なことだとすぐ分かるでしょう？　イギリスや、ブラジルなど、いろいろな国から参加しているジャーナリストみんなから毎日連絡が来て、ファイルや情報をシェア（共有）しました。当初は、パナマペーパーズ（パナマ文書）とは呼ばれていなかったですね。あとで一緒に名前を決めたので…。

——当初はどういう名前だったんですか。

アレッシア——すごく長くて。四〇〇人みんなが自分の意見もあって…。

——ばらばらだったんですか。

アレッシア——みんな、ばらばら…。でも、パナマって言えばすぐぱっと分かる。だから、結局パナマペーパーズ（パナマ文書）になりました。

——みんな、互いにオンラインのステータスが分かるんですか。例えば、今、どの記者がオンラインかどうか。

アレッシア——分かります。ソーシャルメディアみたいな感じです。プライベートチャットもできます。ICIJは、世界のジャーナリズムのパノラマの世界。すごくいい仕組み、やり方を取り入れました。私たちがIRPIを作った理由も同じです。つまり、一つの新聞社だけではなく、ジャーナリスト同士が協力することで、世界中の新聞やメディアで報道できます。広げられる。

——二〇一五年夏から分析を始めて、年が明けた二〇一六年から朝日新聞の記者と共同通信の記者が参加しています。なぜ、二人でやっていたのを四人に広げたのですか。誰かのアイデアだったのですか。

アレッシア——ICIJが決めました。日本語ができて、調査報道の経験があるからだと思います。みんなで一緒に調査して、それぞれ自分が持つメディアに記事を出しました。私とシッラさんは、雑誌「The Diplomat」に記事を出しました。

●──**日本では、フリーランスの記者と新聞社・通信社という組織が連携して取材に当たる例は、めったにありません。今回、こういう形で仕事してみて、どう感じましたか。フリーと組織が手を結ぶ、そのどこに利点がありましたか。**

アレッシア──情報交換して、ほかの記者の意見と知恵を合わせることで、一番いい記事が出ると思います。二人の日本人のジャーナリストが入ってきてすごく助かりました。日本人の記者が入ったことで、もっと奥深い情報にたどり着けました。情報交換することで、お互い勉強になったと思います。

●──**たくさんの国の多くの記者がパナマ文書の取材に関わっています。取材ターゲットに情報を漏らす悪い記者がいてもおかしくない。取材で得た情報は報道目的以外に使わない、といったルールを決めたり、誓約書を取ったり。そういうことはあったのでしょうか。**

アレッシア──最初から、ICIJは条件を決めていました。こうやりなさい、と。例えば、調査報道について外には出さない、とか。私が知っている限り、みんなその条件を守りました。ほとんど問題はなかったのだと思います。もちろん「モサック・フォンセカには、ある時まで直接連絡しないでください」と言われていました。

●──**そうですよね。証拠を消されてしまうかもしれないわけですから。**

アレッシア──そうそう。

●──**アレッシアさんもそういう約束事を聞いていたんですか。**

アレッシア―そうです。契約書にサインしました。

●―日本でのパナマ文書の報道を見て、欧米と違うと感じる部分はありますか。

アレッシア―あります。イタリアの場合、例えば、イタリアの場合は読者の期待は違います。イタリアの場合は、みんな、名前を知りたいだけです。政治家や有名人の名前はあるかどうかだけに興味がある。でも、それは、センセーショナリズムでしかない。センセーショナリズムはスキャンダルという意味です。私は「スフレエフェクト」って呼んでいます。

でも、スキャンダルで終わるのなら意味がない。なぜかというと、大切なのはその背景にあるものだからです。パナマ文書の例で言えば、脱税のシステムや、脱税する人の考え方を見ることが大事です。日本人は名前だけではなく、もっと広い世界を見ようとしていた、と感じます。日本の読者はもっと知りたがっている、と。

●―「もっと知りたがっている」とは、どういう意味ですか。

アレッシア―タックスヘイブンのシステムややり方に興味があったように思います。「もっと分かるようになりたい」といった反響を感じました。(インタビューの数日前に)早稲田大学でパナマ文書のセミナーがありました。そのようなセミナーがあることもびっくりしましたが、約二五〇人が参加していた、と聞いて驚きました。報道のインパクトは大きかったと感じました。

●―日本でも報道すれば大きな反響を呼ぶと思っていましたか？

アレッシア―実は、思っていませんでした。日本人はタックスヘイブンのことなど興味ない、と。日本人の友達と話しても、そういった話は出てきたことないし…。イタリアだったら、友人の間で政治や経済の話はよく出ますが、日本ではなかなか…。しかも、スキャンダルがあったとしても、イタリアと比べたら、そんなに（国民が）興奮しないというイメージがあります。

●——**それが、いざ報道してみると、反響があった。**

アレッシア——そうです。「こんなリアクションがあるんだ」とびっくりしました。イタリアでは、いま、もう誰もパナマ文書については話しません。忘れているみたい。もちろん、警察官とか税務署は調査していますが…。日本でも忘れられるだろうと思ったら、思っていたより、興味がある人がいることに気付きました。

新しいジャーナリズムのかたちを

●——**フリーランスや企業の記者が連携したり、会社を越えてジャーナリスト同士が同じプロジェクトに取り組んだりすることは、ヨーロッパでは当たり前なのでしょうか。**

アレッシア——イタリアでは、そんなことはありません。だから、ＩＲＰＩをつくりました。メディアの記者は、時間がないので自分のニュースルームの中だけでは、なかなか調査報道はできません。

●——**調査報道に対する経費も少ないですよね。**

アレッシア——そうですね。

「ニューヨーク・タイムズ」なら調査報道のセクションがありますが、結局「ニューヨーク・タイムズの調査報道」になってしまいます。一つの新聞だけですね。でも、このパナマ文書報道のようなシステムで、ほかのメディア、ほかの国のメディアと協力できたら、インパクトは何倍も大きくなります。しかも、他の記者の取材方法を知ることは本当に勉強になります。実際、パナマ文書の取材は、Jスクールの二年間のトレーニングより何倍も勉強になりました。だって、ほかの約四〇〇人のジャーナリストからいろんなアドバイスをもらい、取材、調査方法を見ることで「こうやって取材するんだ」「こんな方法もあるんだ」と教えてもらえるんですよ。ヨーロッパでもアメリカでもこういった調査報道はしていません。ＩＣＩＪのシステムは新しいです。

●——情報を記者同士が共有する。そこに新しい動きを感じますね。

アレッシア——ジャーナリズムの世界が変わってきたと思います。これは一つの新しいやり方です。これからどうなるかは誰も分かりません。でも「これは、私のスクープだ」といった、独占的なジャーナリズムはもう死んだと思います。死んだというか、意味がない。

●——なるほど。

アレッシア——記者が一人から二人になることで、同じ記事でもインパクトは二倍あると思います。私はもともとフリーランスジャーナリストなので、情報をシェアするのは当たり前。私の名前より、グループの名前が出たほうがプラスだと思います。私の名前が出たらフリーランスとして宣伝になりますが、できる限りグループの名前を出したい。これは、ジャーナリズムの新しい考え方だと思います。世界中で起きているレボリューション（革命）のようなものにも感じます。

●——こういう調査報道のやり方は新しいし、インパクトも何倍にもなる、記者自身も勉強になる。

アレッシアさんはそう言いますが、もう一歩踏み込むと、その報道によって、社会にどんな影響を与えると思いますか。さらに言うと、記者同士が連携する先に何があると思いますか。

アレッシア――一つは、ジャーナリストが自分の身を守ることにつながると思います。例えば、サイバーアタックから守る方法もみんなで連携することで、トレーニングできたり、対策が取れたりします。報道したことで、企業から訴えられて裁判になることもあると思います。でも、記者が四〇〇人だったら？　四〇〇人を訴えるのは、難しくなりますよね。

●――**なるほど。**

アレッシア――残念ながら、一般市民の中で調査報道の内容や意味を理解する人は多くないと思います。でも、調査報道することで、政治家たちがきちんと政策をつくり、その政策を通して社会が変わり、そのことが結果的に社会に影響を与えることになるのだと思います。だから、時間がかかると思います。

●――**調査報道はなぜ必要だと思いますか。**

アレッシア――調査報道は毎日の仕事だと思います。「調査報道」のテクニックは、日々の取材で使わないと駄目だということです。つまり、政治家にインタビューしに行くときにも、単にその政治家の発言を報道するのではなく、言っていることは本当なのか、言葉の裏に隠されたものは何かを確認する必要があります。だから、確認のテクニック。相手をあまり信頼しない、と。

●――**信頼しない。**

アレッシア――そう。いつも疑っている。現代のジャーナリズムは、イタリアでも日本でもそうだと思いますが、「相手がこう言っているからこう書きます」といった受け身のジャーナリズムになってしまっています。それはマーケティングと同じです。

――アレッシアさんのモチベーションは何ですか。

アレッシア――被害者を守る、ということです。被害者は声を上げられません。でも、私はジャーナリストとして、その人の代わりに声を上げることができる。そして、その責任があります。

例えば、これは二〇一五年の話ですが、イタリアの警察官が外国から来た女性たちに対してドラッグ（麻薬）を使って、レイプする事件がありました。ドラッグを使うので被害者は何が起こったのかが分からない。記憶がない。しかも、みんな外国人なので、自国に帰ってから警察に行っても調べられない。

そんな中で、ポルトガル人の女性がＩＲＰＩに連絡してきて「私はレイプされました。でも、警察は信じてくれない。証拠がないからどうすればいいのか分からない。手伝ってください」と。私と同僚はすごく気になって、調査報道を始めました。

一年後、一人だけではなく、香港、カナダ、オーストラリア、イギリス、アメリカなど一四人以上の女性が被害に遭っていることが分かりました。私たち記者のコーディネーションのもと、彼女たちは自分で弁護士に行き、自分の経験を説明しました。私たちは彼女たちの同意を得て、その話を書きました。そして、二〇一五年二月六日、一一のメディアで同時に記事を出しました。六日の六時半まで報道しないよう取り決めをして。

英国の「ガーディアン」、香港の「サウス・チャイナ・モーニング・ポスト」、オーストラリアの「シドニー・モーニング・ヘラルド」、アメリカの「ニューズウィーク」（ポーランド語版）など、計一一のメディアで同時に出したことで、すごくインパクトがあり、さらには国際的通信社の「ロイター」「ブルームバーグ」にも掲載されました。

その警察官は、一カ月後、裁判で六年六カ月の実刑となり、刑務所に入りました。もし、一つのメディアによる報道だけだったらあまりインパクトがなかった。でも、このケースは国際的なメディアがすごく注目していました。インパクトは大事ですね。パナマ文書のときもそれは大事なポイントです。

●──公的機関が調査せざるを得ない状況をつくるわけですね。

アレッシア──そうです。これはＩＣＩＪが教えてくれたことです。

●──国を越えて記者がつながるっていうのもすごく大きな意味を持ちますね。

アレッシア──一番大事なことだと思います。パナマ文書の場合もそうでしたが、記者に国籍は関係ありません。日本人ジャーナリストの「日本人」を外せば、ただのジャーナリストになる。そのことが分かったら、さらにステップアップすると思います。

●──国籍だけではなく、フリーであるか、どこの会社に所属しているか、それも関係ないということですよね。

アレッシア──そうです。私は国境なしのジャーナリズムを考えています。犯罪が国際的になっているんだから、ジャーナリズムも国際的にならないといけない。私たちのグループで、マフィアと汚職と環境問題について調査報道をしているんですが、犯罪に国境はないので、犯人はどこにでもいる。パナマ文書もそうですよね。パナマを中心にしているけれど、犯罪者は世界中にいる。一つの国の問題ではなく、国境を超えて、もっと国際的に考える必要があると思います。

●——IRPIはいつ立ち上げたのですか。

アレッシア——二〇一二年に創立、二〇一三年に開始しました。でも、考え始めたのは二〇一一年。「Investigative Repoters and Editors」(IRE)の会議のときに考えました。

●——イタリアでこういう組織が立ち上がるのは初めてですか。

アレッシア——そうです。日本で言う法人登記をしました。事務所はフィレンツェにありますが、それぞれの記者はイタリアの各地に住んでます。

●——これまで一番評価された調査報道は？

アレッシア——「マフィア・イン・アフリカ」という報道です。イタリアのマフィアがアフリカで行った輸出についてです。すごく大きい調査でした。一年半の調査で、一〇人ぐらいの記者が参加しました。IRPIのジャーナリスト四人のほか、アフリカやドイツのジャーナリストらと一緒にプロジェクトを作って、財団の「ビル＆メリンダ・ゲイツ・ファンデーション」に申し込みを送って、寄付を受けました。そのお金で調査報道を始めました。

そうした結果、ドイツの「CORRECTIV」というオンラインのウェブサイト、調査報道のジャーナリズム協会のウェブサイト、南アフリカの新聞「Mail&Guardian」、英国の「ガーディアン」に記事を掲載することができました。その後、BBCも取り上げました。

●——すごい。日本にいて、日本の新聞社に勤めていると、なかなか発想できないことです。

アレッシア──そうですか？　私、勉強するより「シェア」という言葉が好き。

●──**シェア**。

アレッシア──勉強と言えば、目上、目下の関係。シェアはみんな平等、同じレベルです。お互いが勉強できます。パナマ文書の取材は、私にとってシェアすることが一番大切であると学び、大きな勉強になりました。ジャーナリズムに国境はないんです。

立岩陽一郎氏（調査報道NPO「iAsia」）に聞く

調査報道は市民のためにある　その未来を考え、行き着いた先

立岩陽一郎（たていわ・よういちろう）

一九六七年、神奈川県生まれ。九一年、一橋大学卒業後、NHK入局。沖縄放送局、テヘラン支局、報道局社会部、大阪放送局、国際放送局などで勤務。二〇〇六年、調査報道で環境省の随意契約の実態を公表し、随意契約禁止のきっかけを作った。二〇一〇年から一年間、米国のアメリカン大学に留学し、調査報道ワークショップに在籍。調査報道を手掛ける非営利組織（NPO）「iAsia（アイ・アジア）」の設立に関わる。

新聞やテレビを中心とした「伝統的メディア」の凋落に従い、「調査報道は将来、誰が担うのか」といった課題が浮上してきた。

米国では一〇年ほど前から調査報道記者の配置転換などが目立つようになり、調査報道を担ってきた部署も縮小が続いているという。それは「ウォーター・ゲート事件報道」を手掛けた名門ワシントン・ポスト紙も例外ではない。

そうした動きの一方、米国では非営利の報道機関、とくに「調査報道」を軸に据える新たな報道主体が立ち上がってきた。ピューリッツァー賞をはじめ数々の賞を受賞した「プロパブリカ」はその代表例だ。

では、日本はどうか。

日本でも「新聞の凋落」を背景として、権力監視型の調査報道は極めて少なくなってきた、とされる。その状況をどう打破していくのか。この章では、非営利、寄付を集めて活動をするNPOとして調査報道団体「iAsia（アイ・アジア）」を立ち上げた立岩陽一郎氏に登場してもらう。

アイ・アジアは既にホームページを開設し、「政治とカネ」「平和・安全保障」「世界情勢」「ジャーナリズム」などの分野で活発に記事を発表している。現役閣僚の資金問題、首相会見をめぐる記者クラブと官邸の「やらせ」といった見事な報道も少なくない。

立岩氏はNHKで長く記者を経験し、化学物質被害についての調査報道も手掛けた。米国の大学で調査報道の最前線を研究した経験も持つ。

安定した身分を投げ捨てる形でなぜ、アイ・アジアを立ち上げたのか。新しい調査報道とは何か。存分に語ってもらった。

アイ・アジア　http://NPO-iasia.org

大組織NHKで抱いた違和感

●――立岩さんはNHKをお辞めになって、二〇一六年秋から「iAsia（アイ・アジア）」という調査報道NPOの活動を本格的に始める予定です。アイ・アジアは、従来のテレビ局や新聞社という大組織にとらわれない新しい形です。米国では、ピュリッツァー賞を獲得した「プロパブリカ」[1]を始め、調査報道NPOが各地で活躍しています。同じようなかたちを模索する日本のジャーナリストも少なくありません。では、アイ・アジアはいったい、どんな調査報道を目指すのか。なぜ、NPOという選択肢だったのか。まずはその話から。

立岩――一般的な調査報道というと、それなりに経験を積んだ記者が、それぞれの調査報道を、つまり権力の奥に分け入って、秘密をえぐり出して暴く、という取材を各地でやっていると思うんです。ただ、私がイメージする調査報道は、少し違います。

一言で言うと、「大それたことをしなくても良い」「誰でもできる」ということです。そう言葉にすると語弊があるかもしれませんが、伝統的な調査報道とは、新聞記者が、新聞記者という一種の特権を持って誰も会えない人に会って、誰もが入手できない情報を出すというものだと思うんです。私のイメージする調査報道は、市民社会で共有されている情報をちゃんと整理して出すというものです。すると、そういう情報が、実は報道する価値があるんだ、と。アイ・アジアではそこをやっていきたいと考えています。

それを考え始めたのは、二〇〇五年、ＮＨＫの東京の社会部で環境省を担当していた時の経験がきっかけでした。省庁の担当記者というのは日々の政策を追うのに忙しい日々を過ごすのですが、会見などでそうした発表を聞いているうちに、「そうした政策に必要なお金を、環境省はいったいどういうふうに、どのように使っているのか」を調べてみようと思ったんです。それで環境省に対して情報公開請求を行って、過去五年間の支出に関する資料を、予算枠で言うと一件一〇〇万円以上のものについて開示してもらったんですね。

●費目はなんでしょうか？　食糧費や旅費、会議費などですか？

立岩——いわゆる一般の予算全部です。一〇〇万円以上の。

●それを全部？

立岩——全部。当然、すごい量でした。最初、環境省の情報公開請求の担当者からも、「いったい何をしたいの？」みたいな感じでした。「一〇〇万円以上の使途を全部教えていただけませんか」という話ですから。で、大量の公文書が出てきたんですけど、一枚ずつ見ていて驚かされたのは、全部っていうか、ほとんどが随意契約だったんですよね。計算すると、その割合は九〇％以上。つまり、九割以上が随契だったわけですよ。

では、随意契約で何をやっているのかと思って、さらに細かい開示請求をしていきました。すると、大半が生態系調査です。その報告書なんかを読むと、ほとんど何も調査してないような報告書に一億円とかかけているわけですね。それが、だいたい天下り先への発注なんですね。それちょうどＮＨＫで夜九時のニュース番組「ニュースウオッチ９」が始まった年でした。それで番組の目玉として環境省の随契問題を取り上げたわけです。国会でも取り上げられて、それなりに波紋を呼びました。

国の支出は原則、競争入札です。随意契約は、会計法で入札が適さない極めて特殊なケースなど、例外しか認められていません。だから、報道では、「環境省のこの随契は会計法上そもそも問題がある」とやった。ところが、当時財務大臣だった谷垣禎一さんは「NHKの報道はおかしい」とか言い出したんです。結局、小泉純一郎首相が割って入る形で、随意契約を原則禁止するという方針が決まりました。

でも、新聞は後追いしなかったんですよね。

社内から「追いかけろ」とは言われていたみたいで、記者クラブにかかってくる電話を聴いていると、担当記者が、「私だってNHKみたいに予算と人をつけてくれればやりますよ」なんてデスクと喧嘩しているが、結局何もやらない。会計課長をつるし上げるくらいです。

面白いのは、予算と人って、何も要らないんです。情報公開請求にかかる費用なんて大したものではありませんし、人も要らないんです。

唯一、「みのもんた」さんの「朝ズバッ!」(TBS)だけが取り上げてくれた。だから、国会では問題になったんですが、当時、その報道自体は世間にはあんまり知られなかったと思います。

NHKの中では評価は悪かった。なぜかというと、国会で問題になったときに、「じゃあ、NHKはどうなんだ」と、NHKに矢が飛んできた。その結果、NHKもほとんど随意契約やっていたってことが判明しました。それで当時の上司に呼ばれて「もう、おまえ、東京に居られないから」と。それで、大阪放送局に異動になりました。

ただ、そうしたことがあったにしても、最終的にあの報道は成果があったと思います。というのも、時の小泉政権は報道を利用した側面もあるでしょうけど、全省庁の調査を始めたんですよ。会計法を管理している財務省でさえ、五割以上を随意契約やってたりとか、そんな話も明らかになった。結局、随意契約をほとんど使えなくなったわけですね。私にとって、調査報道というものが持つ威力を感じることができた仕事でした。

●――大阪への異動は二〇〇六年ですね。

立岩――大阪では司法キャップやっていました。基本的には裁判を読み解くとか検察官を追いかける取材です。ただ、私はなるべく調査報道的な仕事をクラブ員にもお願いし、大阪ではいろいろ取材しました。

その一つがミュージシャンの小室哲哉[2]さんの話。詐欺事件です。たまたま神戸地方裁判所尼崎支部で裁判記録を見ていたら、小室さんが名誉棄損である人物を訴えていた。「小室さんが訴える?」。それは何だろうと思って裁判記録を読むと、どう考えても訴えた側の小室さんが詐欺的なことをやっているんですよ。おかしいな、と。

ところが、私はそのままニュースにはしなかったんです。小室哲哉さんは当時、往年のような圧倒的な存在ではなかったと思いますが、NHKも含めてテレビからすると大きな存在です。事の真相が不明な民事裁判の争いでは書けないので、その情報を検察当局へ持っていく、という話になった。勿論、その判断を行ったのはキャップだった私です。

司法クラブの持ち場である大阪地検の幹部に情報を持っていって、特捜部が芸能人を逮捕するという、極めて異例な事件になったんです。

●――NHKが報道できなかったという意味は、「こういう民事裁判があります」ということすら報道できなかった、という意味ですか。

立岩――今思えば、何とでもやりようはあったと思うんですよね。でも、そのときは、やっぱり難しかったと思います。民事事件というのは双方の主張の言い合いですから、民事でこんなことが起きているっていう話も、意外とテレビは書きづらい。雑誌などはその辺の幅は広いのかもしれませんが。例えば、「こんな裁判が行われている」とかいう書き方もあるのかもしれません。

●――なるほど。

立岩――僕は大阪で四年間、司法キャップやりました。でも、そういう形で取材をしていて、あんまり検察官と仲良くするわけでもない。そうなると、記者として大手メディアでいる必要があるのかな、という疑問がどんどん大きくなるわけです。やっぱり大手メディアは何だかんだと言っても、結局、当局の取材がメインなんですよね。

その時に知ったのですけど、例えば、僕が司法キャップを曲がりなりにもやると、賞与の査定が高くなるんです。NHK内の。つまり、遊軍に所属していて特ダネを取っても、査定は低いんです。当局取材、それも社会部であれば警察や司法といった根幹を担当すると、その実績はどうあれ評価は高くなる。「守ってなんぼ」の世界です。別に給与や待遇のことを問題にしているのではなくて、ニュースに対する組織内の価値判断というか、そこが変だ、と。環境省の随契問題を報道してそれによって制度や仕組みが変わっていくような報道よりも、当局に張り付いて、他社に抜かれないことを重視していく。

そうなってくると、司法キャップとか警察キャップとか、そういう役職に就くことだけが、つまり、実入りもいいので、そこに就くことが目的になってしまうんですね。で、実はそういうポストに就いたら無理して面倒な取材をするんじゃなく、安全にやっていこうと。そういう記者も残念ながら少なくありませんでした。

●――それでアメリカに？

立岩――そういう戸惑いの中で仕事をしている自分が嫌になったこともあり、調査報道の本場とも言えるアメリカの現場を見たいと思って。二〇一〇年にワシントンDCにあるアメリカン大学のチャールズ・ルイスさんという方に連絡しました。この人は、もともとアメリカのテレビ「CBS」のプロデューサーです。その後、辞めて、一九八九年に非営利の「CPI」(センター・フォー・パブリック・インテグリティー)をつくった人です。パナマ文書で中心的な役割を担っているICIJ[3](国際調査報道ジャーナリスト連合)は、ルイスがそのCPIの国際部門として作った組織です。

アメリカに行くならどこがいいかな、とネットで探していて、彼を知ったわけです。彼はCBSの「シックスティーミニッツ(60Minutes)」、日本で言ったらNHKの「クローズアップ現代」のプロデューサーみたいな立場だった。つまり、アメリカのテレビ局の最高位にいた。その職を投げ捨て、CPIを作るとき、彼はこういうことを言っているんです。

給料も当然なくなるし、極めて不安定な生活になるんだけども、「一つだけ確信があった」と。大手メディアの人間は、公開情報を駆使してない、と。「公開情報を駆使すると、多分自分なりに世の中にインパクトを与える調査報道ができるんじゃないか」と。そういうことを彼は書いていた。それが、私が環境省を取材した時と同じ思いだったので、是非この人に詳しく話を聴きたいと思ったんです。

彼は実際、CPIを作った後、「バイイング・オブ・ザ・プレジデント(THE BUYING OF THE PRESIDENT 2014)」という本を書きます。連邦選挙委員会の資料をひもといて、この候補者には誰がどのくらいの寄付をしているということをつまびらかにするという内容です。

その結果、例えば、大手の金融機関や全米ライフル協会が共和党の候補に多額の寄付をしているとか、教職員組合が民主党の候補に多額の寄付をしているといった、現在では当たり前となっているような事実が明らかになり、当選後の大統領の政策と寄付との関係が類推できるようになり、当時としては「やっぱり大統領選挙って金で買われてんだ」ということは斬新だった。それを彼が公開資料で明らかにした。

メールで連絡したら、「どうぞ来てください」と受け入れを決めてくれた。当時のNHKには在職一五年を超えた職員を海外に派遣する制度は無かったんですが、理解ある人もいてNHKに在籍したまま、米国で勉強できることになりました。

●——アメリカン大学ではどんなことを?

立岩——学生とジャーナリストが一緒になって調査報道をやるんです。アメリカの公共放送PBSの中に「フロントライン（FRONTLINE）」という報道番組があって。これは「アメリカの良心的な番組」と言われていて、アメリカン大学の調査報道チームがそこで番組を作っています。たまたま私が在籍していた時に、「フライングチープ（Flying Cheep）」という番組を作っていた。

●――フライングチープ。安く飛ぶ、ですか？

立岩――はい。これは、旅客機が墜落したある事故を追っていくというものです。もともと大手のコンチネンタル航空の飛行機だと思われていたものが、実際に運航していたのはいわゆる格安の航空会社だった、という事実を明らかにした。さらには経験の浅いパイロットが前日にひいた風邪を押して呼び出されて、延々と何時間も空港まで車を運転して、そのまま飛行機に乗るという極めて劣悪な状態だったことも明らかにしていました。一つの事故を追跡していく調査報道番組です。

そうした事実を連邦航空局の資料から読み解いていった。価格競争の中で航空会社が、いかに乗客や乗員の命を削るような経営になっているか、それを描いた内容です。

私は横で見ているだけですけど、「ああ、こういうふうにやるんだ」と。情報公開請求を駆使することで、一つの番組ができるということを実感しました。

「ジャーナリストが競争する時代は終わった」とルイス氏

●――チャールズ・ルイス教授からは何を教わったんでしょうか。

立岩――彼が言っていたのは、例えば、当時、ＩＣＩＪはそんなに有名ではなかったですけど、「なぜこんな組織を作るのか」という問いに対し、明確にこう言うわけです。「ジャーナリストが競争する時代は、もうとっくに終わっている」と。

●競争時代は終わっている？

立岩――そうです。やっぱりコラボレーション、協働だ、と。「まず、アメリカにおいても当然そうだけども、やっぱり世界中のジャーナリストは、協力する枠組みが必要なんだ」と。ただ、当時の僕にはそれはよく分かりませんでした。僕もパナマ文書の報道があるまで、「ＩＣＩＪは、ルイスの自己満足の世界ではないか」と思っていたんです。

●コラボレーションの時代。それをもう少し詳しく説明してもらえますか？

立岩――彼が明確に言ったのは「Journalists should not kill each other」だ、と。つまり、「ジャーナリストはお互いにお互いを切り合っていてはダメなんだ」ということです。そうじゃなくて、手を携える時代なんだ、と。

一つには、やっぱり経済的苦境の中で、アメリカでも調査報道記者はどんどん解雇されているわけですよね。解雇には至らなくても調査報道部門がなくなって、自分たちが尊敬していた調査報道記者が、その新聞社のブログ管理をやっているとか。アメリカの新聞社ではそういったことがあちこちで起きています。

そうした中で、彼は「大学でジャーナリズムを勉強した人の多くが、ジャーナリストじゃなくてＰＲのほうに、つまり、広報の側に転身している」と嘆いていました。ジャーナリストが半減し、PRが倍になった、と。だから、ただでさえ弱い立場のジャーナリストが、お互いの会社の競争の中で疲弊するよりは、会社を越えて連携して、新たに何かを作り出すことが必要なんだ、と。

「実は、アメリカの古き良きジャーナリズムの中にそういう伝統はある」って、彼はよく言っていました。アメリカにはIRE（調査報道記者編集者会）という組織があります。

●――はい。

立岩――IREというのは、「アリゾナプロジェクト」というプロジェクトがその始まりなんだそうです。一九七〇年代、アリゾナで新聞記者が爆死するんですね。マフィアの資金源を追っていたジャーナリストが、自分の車に乗って鍵をかけた時に車が爆発して死ぬという映画のシーンのようなことが実際に起きたわけです。

そのとき全米のジャーナリストが、手弁当でアリゾナに集まって取材して、最終的に首謀者とされる人物の逮捕につながる。そういう報道が行われた。そしてそれがIREとして今、全米のジャーナリストの連帯の場となっています。

ルイスは「そんな伝統があるにもかかわらず、その後のアメリカは、やっぱりそれを継承できなかった。もう一回、ああいうことをやるべきだ」と。

アメリカの記者は基本的に、日本に比べれば所属する組織から自由です。ニューヨーク・タイムズの記者がそんなに威張って「うちの社の方針では…」と言っているわけでもない。そのアメリカでさえそういうことを言っているのに、じゃあ日本はどうか、と言ったら、全くそういうレベルに至ってもいない。

そこで僕は二つのことを考えました。一つは「ルイスの言うようなことをNHKでやれるのか」って。それは無理だろうと。会社の枠を越えて記者が協働すると言っても、「まずは会社の了承を得て」みたいな話になるじゃないですか？

もう一つは、大手メディアに対する批判に関連して、です。

●――勢いを増す「マスコミ批判」ですか？

立岩――日本の場合、一方で、大手メディアに対する批判もかまびすしい部分があります。

個人的には、へきえきする部分があるんですね。批判はもちろん自由です。批判の理由も分かるし、する人の理屈も分かるんです。けれど、そうした批判が何も生み出していない。というか、批判された大手メディアが耳を傾けることは、ほとんどないですよね。

そこの部分で、僕はルイスのやったことに意味があると思った。彼は、CBSを批判するんではなくて、「新しいものを作る」ことに邁進し、結果的にはCBSなどの大手メディアと新しい形の調査報道をつなぐような仕事も始めたわけですよ。ワシントン・ポストとも一緒に調査報道で記事を書くというプロジェクトをやっています。

大手メディアを批判するより、何か違うものを作って、そしてうまくいけば、ルイスが言うところのコラボレーションみたいなものもできるかもしれない。そう思ったわけです。

●――その延長線上にアイ・アジアがあるわけですね。

立岩――私は、アジアプレス[4]（ASIA PRESS INTERNATIONAL）の石丸次郎さんと、昔から仲良かった。私にとって兄のような存在です。石丸さんがアメリカに来てくれて、「そういうのをやろうよ」って話をしてくれて、「じゃあ、一緒にやりましょう」と。それで二〇一三年に二人で金を出し合ってNPO団体のアイ・アジアを立ち上げました。

大手メディアに属していると日常の仕事が忙しく、公開文書もなかなか読めないという現実があるじゃないですか。

●——ありません。

立岩——特にテレビはほんとに時間ないわけですよ。政府の発表資料だって、ほとんど概要しか読んでない。そういう日常取材に対する危機感って、実は多くの記者が持っているわけですね。だから、ルイスも「そこに勝機があるんだ」って書いている。それを読んだときに、漠然と、日本でもそれができるだろうな、と思いました。経済的に成功するかどうかは別です。しかし、少なくとも記事としては成立するだろう、と。だったら、それをやれる仕組みを考え、後は実行するだけじゃないか、と考えたわけです。

●——大手メディアの報道に対する危機感があって、それを新しいかたちの報道で打破しようと。

立岩——そう言うと、「お前は何様なのか？」という批判が出るかとも思いますが、例えば、NHKについて考えると、常に「バランス」を取るメディアだと言えるわけです。それを評価する人もいるとは思いますが、バランスを取る中で消えていくネタもあるだろうし、鋭い視点の報道は出てこないとか。それが、今、かなり沸点に近いとこにあると思うんです。

それが大手メディア全てなのかどうかは分からないにせよ、こういうものが変わっていくには、社会全体が変わらないとダメだと思うんです。ＮＨＫもそうだけど、メディアはしょせん、世論をすごく気にするわけですよ。一部の批判に対しては何の反応も示さないんだけど、世論が変わると多分変わるんですね。逆に言うと、世論が変わらないと変わらない。

「組織の中で改革」とかっこよく言いますけど、偉い人はそれをやればいいと思うんです。現場で物を考えている人間からすると、ＮＨＫを中から変えるのは、なかなか難しい。ところが、世論が変わると、急に変わっちゃったりするわけですよ。批判的な投書にはすごく敏感で、役所的なところもある。世論が右傾化したらメディアも右傾化するのは、当然なんですよね。

今ＮＨＫが非常に右傾化して見えるのは、放送内容について右からの攻撃がすごいからですよ。「配慮しなきゃいけない」みたいになってくる。僕が二五年間いる中では、そうじゃない時期も当然あったわけです。

だから僕にとっての結論は「ＮＨＫを中で変える」というより、別のかたちで「こういう報道もある」ということをどんどん示し、ニュースを出していくことでした。

●——**ＮＨＫでは調査報道は極めてやりにくい、と。そういう結論に至ったわけですか？**

立岩——自分の経験も含めていうと、上の方は「調査報道はすごいと思うけど、例えば、報道の結果、裁判で訴えられたら誰が責任取るんだ？」と質問してくる。それはＮＨＫがちゃんと対応すべきでしょうと言うと、みんな、困った顔をする。

それで今、何やっているかというと、ビッグデータに基づく報道ですよね。それはそれでいいと思うけれど、緻密に資料を集めてそれを読み解いていく。そういうイメージとは違う。

「公開情報を駆使して何かを明らかにする」イコール「ビッグデータ解析だ」みたいなニュアンスが広まっています。しかも、そのデータを役所からもらってくるとなるわけです。綿密な資料集めとその読み込み、それとビッグデータ解析。その中間がないわけです。

アメリカのジャーナリストの集まりがあって、そこにNHKでビッグデータをやっている人と一緒に参加したことあるんです。ビッグデータをやっている人は、アメリカのジャーナリストにこういうふうに説明したんですね。

「NHKは極めて政府から信頼されている組織で、膨大なデータを政府からもらえるんだ」って。そうすると、その場のジャーナリストは明らかに困惑した表情を見せる。つまり、権力と対峙する意識が強い世界のジャーナリストからは強い違和感を覚えられている。

「三・一一」の発生から一週間の携帯電話情報をNHKが番組で解析してみせたことがあります。行政からデータを得てと説明していましたが、それも取材、報道に対する根本的な姿勢が違うと感じます。政府からもらった情報で、今起きている問題点を指摘する番組はできると思うんですけど、政府に対して厳しいことを言う報道ができるでしょうか?

そう考えると、NHKは、拠って立つところが調査報道ではないと感じてしまいます。それは「三・一一」のあとで顕著になったように思う。政府の発表をいち早く出すことに血眼になってるわけですね。ビッグデータもその解析によって、「ほんとはこうやって逃げたほうがいいんですよ」みたいな話になっていく。自らを極めて公的機関的に近い存在だと位置づけているように感じます。

アイ・アジアはここがこう違う

●――**実際にアイ・アジアを立ち上げた。まず気になるのは資金面です。アメリカのように日本でも非営利のジャーナリズムが成立するのかどうか。そこに多くの人が関心を持っていると思います。**

立岩――ずばり、課題はお金ですよね。よく日本とアメリカは寄付をめぐる社会事情が違うと言いますけど、本当に違う。

アメリカで二年ぐらい前にピュー・リサーチ・センターが出した報告があって、「NPOメディアはうまくいってないじゃないか」って指摘しているんですが、その報告書の根拠は「五割近くの団体が年間予算五〇〇〇万円ぐらいでやっている」というものでした。五〇〇〇万円ぐらいしか集まってないから「うまくいっていない」と言ってるんですね。

私から見れば「そんなに集まっているのか」という話です。日本では、多分、全然集まらないでしょう。アイ・アジアは正直、無理しても集まるお金は年間五〇万円とか、そういうレベルです。

●――**アイ・アジアの決算報告を見ると、収入は「二〇一三年度が一〇四万円」「二〇一四年度が八二万円」です。**

立岩――そのうち、多くは手弁当(構成メンバーの持ち出し)になっているわけですよ。実態としては。純枠に外部から集まる寄付は、大体五〇万円くらい。「政治資金オンブズマン」や「株主権利弁護団」などを行っている調査報道に理解のある弁護士の方々が、五〇万円とかを出してくれています。それで約一〇〇万円になっている。外の人に声をかけて集まるお金なんて、一〇万円に満たないぐらいですね。

ただ、僕は、アメリカの寄付社会を見て、考えが変わりました。片手間でやっちゃいけないなと思った。寄付の概念を変えないと、やっぱり寄付は来ないだろうと。今、われわれは、なけなしの金をもらうわけですよ。社会的に問題を共有した人たち、比較的低所得者の人たちを集めて、問題を発信して、その人たちからなけなしの一〇〇〇円とかもらうわけです。

でも、それでは無理です。そういうことをやっても限界がある。アメリカの寄付社会は金持ちからごっそり寄付してもらう。それをほんとにやろうと思ったら、NHKにいて生活が安定した中でやっても無理で、やっぱり、お金を持っている人のところに直接行って、働きかけないといけない。必ずしもそれは無理ではないと思っているんです。

●——富裕層から寄付してもらうという考えですね。

立岩——アメリカの寄付社会の成立の背景には格差社会があると思います。アメリカの寄付社会は一九世紀末ぐらいに成立しました。圧倒的な格差社会が生じた時代です。そうなると、やっぱり金持ちの中に「金を寄付しよう」という意識が生まれた、ということなのだそうです。

日本もこの先、良くないことなんだけど、格差社会が消滅することはないだろうし、むしろ、格差は拡大していくでしょう。すると、その中で「寄付しよう」という人たちが生まれるかもしれない。そんな期待値を私は持っているんです。

言い方を変えれば、大阪で言えば北新地、東京で言えば銀座で飲み歩いているような裕福な人たちの名前をたどっていくとか、そういうことだと思います。そして「不可能じゃないな」という感じがある。

●――アイ・アジアは今、何人で活動していますか。いまの記事本数などは。

立岩――数人です。私も今は出資者であり、アドバイザーという形です。NHKを辞めた後は専従で編集長としてやっていきます。志を同じくするジャーナリストや弁護士の方も加わるなどして、政治資金を調査、分析し、分かりやすい形にして記事にします。記事はアイ・アジアのホームページのほか、アジアプレスにも載ります。アジアプレスは「Yahoo!ニュース」と配信契約を結んでいるので、「アイ・アジア→アジアプレス→Yahoo!」という流れで記事が載るケースも多いですね。

基本は、公開情報を駆使して、普段は見ていないものを見せていく。そのかたちです。政治団体の政治資金収支報告書の分析などはその典型です。「われわれができる調査報道は何か」を考えたら、先ほどのルイスの話もそうだけれども、公開情報を駆使することだと思っているんです。ただし、それだけで週一本の記事を出し続けるのは、結構、大変です。

ほんとは週二本が目標ですけど、今は何とか「週一」を守ろうとしてるんです。年間大体八〇本くらいです。過去二年間もやっぱり約八〇本。現状ではそこが限界です。

あとはお金次第ですね。正直、鈴木祐太君もボランティアです。

●——**鈴木さんはなぜ、この活動に入ったんですか。**

立岩——それは、きょう一緒にここへ来た鈴木君に聞いてください。

鈴木——「ラジオフォーラム」っていう番組をアジアプレスの石丸さんがやっていて、で、石丸さんが、アイ・アジアを立ち上げるから、やらへんか、と。政治資金の報告書を引っ繰り返した経験もありませんでした。アイ・アジアに入ってからです。記者をやった経歴もないです。三〇歳を過ぎてから、こういうことを始めたんです。

立岩——記者経験もなく、三〇過ぎてからです。そういう意味では、「記者じゃなくてもできる仕事だ」ということです。逆に言うと、いま「記者です」と胸を張っている人には、「何を根拠に胸を張れるのか？」と尋ねたくなります。

本人目の前にして言うのも何ですけど、最初に一緒にやるっていうときに、彼が不安を口にしたんですよね。「しゃべりが遅いし、記者みたいに経験も積んでないけど、できますかね」と。「いや、僕らがやるのは、まさにそういう、丁々発止で物を言って、相手から情報を取るわけでもないから」っていう感じで言ったら、ほんとに一生懸命やってくれて。生活ができるというレベルのお金を払っているわけではないので申し訳ないとは思いますが、鈴木君が居たから、僕もNHKを辞めて、アイ・アジアに専念する判断ができたと思うんですよね。彼と一緒にならできるかな、と。

金銭的には大変です。今も大変な中でやっています。だから、どこかに出張なんて、それはできないですよ。一回、彼が東京に来たときに、東京で僕の家に泊まりながら取材していたんですけど、電車は一切使わずに徒歩で取材していましたからね。

●──**え？　どっからですか。**

立岩──もう、ほとんど、どこへ行くにも歩いていた。地下鉄も使わず、です。ちょうど、東京電力の売却資産が発表されたときで、「じゃあ、それをプロットしようよ」となって。それで、目黒からまず日比谷にある東電本社に行って、それから何から歩いて世田谷に東電が所有していたグランドを回って、写真を撮って、という。

●──**すごい。**

立岩──「電車ぐらい乗っていいよ」って出資者として言ったんですけど、歩いていましたから。（鈴木──都心の一駅なんか歩ける距離なんですよ）

やっぱり大手メディアで飼いならされた記者には、そういう発想ないですよね。だから、この新しいメディアを担うのは鈴木君かもしれないと、僕はその瞬間思いましたよね。

●──**ただ、要するに、メンバーの誰かが、何かが、犠牲になっているわけですよね。「理念」「思い」だけで何とか、支え合っているという感じではないでしょうか。**

立岩──だから、何とか知恵を使って、ほんとにお金のある人にちゃんと理解してもらう努力が必要なんだと思います。それでも駄目なら腹くくるしかないと思うんですけど、実はまだ、その努力をしてないと思うんですよね。

「プロパブリカ」にお金を出しているハーバート・サンドラーさんという伝説的なおじいさんがいます。僕はアメリカン大学にいた時、アメリカでこの人に会う機会があった。プロパブリカに彼は年、日本円で一〇億円出しているんです。このサンドラーさんは投資家で、ウォールストリートのハゲタカでもあるわけですよ。「なぜジャーナリズムに金を出すんですか」と尋ねたら、彼は言うんです。「社会っていうのは、やっぱり揺すらなきゃいけない」と。

●——揺すらないと？

立岩——彼が言ったのは「シェイク」です。つまり、社会は何かしら変化をしなきゃいけないし、変化を生むためにサンドラーさんも私財を投げ打って、ジャーナリズムを支えている。変化を支えるわけです。そんな人物がアメリカには生まれた。「日本にも、いないわけないだろう」という漠然とした期待感みたいのは、そのときに思いました。

ただ、まだ探し当ててない。その努力をしていない。そこをやらなければ、と思っているんです。その努力を重ねないといけないと思っています。例えば、僕ら既に事務所あるんですよ。実績があるかないか、よく分からないアイ・アジアに対してほんとに格安でマンションを使わせてくれる人がいるんですよね。そういう人もいるんです。

●——ルイスさんのCPIには、お金を集める専門の人がいたと思います。

立岩——CPIではバーバラ・シェクターさんという年配の女性が頑張って集めておられて。要は彼女、お金を集めるプロですよね。アメリカってそういう人たちがいるんですね。アメリカでは、「ファウンデーションセンター（Foundation Center）」という組織があって、寄付を集めるための講義もやっている。そこを卒業した人たちが、そういう世界に入るから、資金集めでもプロなわけです。

日本では、税法を理解して、NPO法を理解して、寄付集めのプロポーザルを書きますよ、なんて人はなかなかいません。

ジャーナリストの「協働」こそ

●——アイ・アジアは取材の成果をどういう形で社会に送り出すのでしょうか。よく思うんですけど、日本にはいろんなオンブズマン組織があります。市民オンブズマン。失礼ですが、そことどう違うのでしょうか。オンブズマンも自分たちで調べた結果をウェブに載せています。「こんなことが明らかになりました」と。アイ・アジアも「こんなことが分かりました」とホームページに上げていく。一般の情報の受け手からすると、どこが違うのでしょうか。

立岩——あまり違わないと思うんですよ。敢えて言うなら、このオンブズマンは、分かったことをネットにアップするだけであって、一般市民が容易に分かるようにかみ砕いて情報をアップしているかとなると、ちょっと違うと思います。つまり、オンブズマン組織は、新聞に書いてもらう、新聞にかみ砕いてもらうから理解されるわけですよね？

われわれがやろうとしているのは、資料の解析や整理という同じ作業をするにせよ、伝える先が新聞記者じゃなくて、一般の人。一般の人にどう伝わるか、なんですね。

「それならオンブズマンがそこまでやればいいじゃないか」という話になるでしょう。現にアメリカでもそういうことが起きています。例えば、人権団体の「ヒューマン・ライツ・ウォッチ」は、ジャーナリストを雇っているわけですよ。今までのヒューマン・ライツ・ウォッチは、記者会見をやって、新聞に書いてもらって、テレビに取り上げてもらう存在だった。でも彼らはそうじゃなくなりつつあるんですね。

アイ・アジアで「あのニトリが安倍首相ら閣僚六人に連続献金一一年から四年間で総額二一七〇万円」という記事が出ています。あれは何が問題か？　と言って、別に法的には問題じゃないんですよ。だけど、市民が政治を考える材料として、そういう記事を敢えて出そう、と考えたわけです。そんなことを考え、情報を整理して出していくのがアイ・アジアの仕事だと思っています。

だから、調べるという作業はオンブズマンと同じだし、新聞記者も同じだと思うんです。でも、新聞には「違法性が問われてこないと書けない」といった物差しがあり、オンブズマンには「問題点を指摘する」という考えがあるでしょう？　問題かどうか分からない、だけど記事にしたら意味があるかもしれない。そういうレベルのものについては、新聞もオンブズマンも若干鈍感かな、という気もしています。

――オンブズマンだったら、自分たちで調べたものを地元の議員さんに働き掛けたり、行政との話し合いの場を作ったりして、社会的影響力を広めようとします。メディアで報道してもらうこともある。アイ・アジアは、そこをどう考えているのでしょうか。単純にアイ・アジアのホームページに載せ、じわじわと浸透することを狙うのか。それとも欧米でよくあるように、伝統的なメディアと一緒になって取材してそっちのメディアにも記事を載せるとか。ＮＰＯの調査

報道集団は、お金の心配もそうですけど、社会に対してどうやって影響力を発揮するのか。そこも大きなポイントではないでしょうか。社会的影響力が広がらないと、数あるオンブズマンの一つ、みたいな存在になってしまう。もちろん役割としてはそれでいいかもしれないけれど、報道集団であれば、その記事を社会に広めないと意味がない。そう考えたことはありませんか。

立岩――そこまで頭が回ってないんですけど、大手メディアと手を組んだり、既存のメディアと組んだり、そういうことは否定していません。そうであればいいなと思う。

例えば、二〇一六年一月、沖縄及び北方対策担当大臣だった島尻安伊子氏に関する記事がアイ・アジアに出ています。「島尻沖縄担当相に文科省傘下法人から補助金受けた専門学校が寄付　理事長は夫の昇氏」という見出しの記事です。国会でもこのニュースが取り上げられました。

そのときに、安倍晋三首相は一言、「いや、ネットで書かれてる話ですから」って言ったんですよね。「ああ、やっぱりそうやって忘れられていくんだ」と思ってしまって。僕もそのときは「やっぱり、このままでは、ちょっと厳しいな」と思ったんです。

だから、一緒に組む先が、新聞社だったり、テレビだったり、あるいは他のネットメディアだったりとか、とにかくいろんな所にアイ・アジアの記事を出していく。それが非常に大事なのかな、と。そうなると、必然的に知名度も上がり、アイ・アジアの社会的影響力も増すはずです。

●――アメリカの場合は、ロサンゼルス・タイムズでもニューヨーク・タイムズでも、普通の日刊紙

がプロパブリカの記事をニュース面で扱うわけですよね。いわば、彼らにニュース面を開放する。日本はそうなっていません。

立岩——プロパブリカの場合は、特に、ニューヨーク・タイムズを中心とした大手メディアと、プロジェクトベースで手を組んでいるんですね。プロパブリカの広報に聞いたら「提携先の新聞社からは別にお金ももらっていません」と。だけど、ニューヨーク・タイムズに載ることで、まさに知名度が上がる。

　プロパブリカは新興のNPOメディアとしては初めて、ピューリッツァー賞を取りました。「ハリケーン・カトリーナ」の一連の報道です。それはニューヨーク・タイムズとの合同取材で、ニューヨーク・タイムズとプロパブリカと、あとPBSですか、その三社の合同だった。

●——**はい**

立岩——そうした関連で言うと、アメリカの報道にはエチケットがあって、どこかのメディアが先に書くと、ちゃんと敬意を表すんですよ。例えば、「ワシントン・ポストによって報道されたこの内容は」とか。

　今、バズフィード[5](BuzzFeed)というネットメディアがありますよね。バズフィードジャパン(BuzzFeed Japan)の方とやり取りしていて、「バズフィードでアイ・アジアの記事を後追いします。金は払いません。その代わり、アイ・アジアで最初に報じたことは伝えます」と。

　それは良い方向性だと思います。「少しでもそうやって知ってもらうことをやりましょう」と。そういうエチケットの中に新聞社が入ってくれたら一番いいんですけどね。

アメリカでは今、結局、一社で全てを賄うことが、現実にはできなくなりつつあります。

●──なるほど。一社では賄うことができない。

立岩──現実にはできません。日本メディアは、まだ、そこまで行ってない。崩れてない。だから今は、例えば先ほどの島尻さんの記事を出した時のように「そうは言っても、ネットだけの話ですよね」と切って捨てられてしまう。

だからこそ、アイ・アジアの名前での原稿を増やしていかないと、と思います。

二〇一五年一〇月、「米記者から『出来レース』と批判された安倍首相国連会見」という記事が出ています。ニューヨークの国連総会に出席した安倍首相が現地で会見した際、質問も回答もあらかじめ内閣記者会との間で決められていた、という話です。官邸側にあらかじめ質問を渡し、回答も決まっている。質問も五人まで。関係者からその文書も入手し、報道しました。

これは大手メディアと官邸の間で昔から普通に行われていたことなのですが、あらためて記事にすると、凄いアクセスがあるわけです。一日で一〇万アクセスはいきました。これはアイ・アジアにとっては画期的なトラフィックです。やはりトラフィックが大きくないと続かないとは思います。だから、ネットでも新聞でも大手のメディアに載せる道を作ることは当面、大きな課題なわけです。

時代は変わる。まずは五年後を見据えて

●——**日本には現在、ほかにも調査報道NPO、あるいはそれに類する団体があります。**

立岩——徐々に出始めていると思います。ただ、その方向性、形は様々で、市民メディアみたいな感じだったりして、アイ・アジアとは違うかな、と思うことが多い。あと、「権力者の首を取れるジャーナリズム」を目指す、という言い方をする人もいました。結果論として首を取ることはあると思うんです。けれども調査報道を首を取るためにやるっていうのは、僕自身はなじめない。調査した結果が世に出て、その結果、何かが変わっていく。そういうことだと思うんですね。「権力者の首を取る」という言い方は、だから、ちょっと違うんです。

●——**アメリカと日本で決定的に違うのは、調査報道、つまり権力監視に対する国民の意識、期待ではないでしょうか。**

立岩——違いますよね。

●——**違いますか。**

立岩——衝撃だった経験があるんです。アメリカン大学に在籍していた時に、時間が空くと、ワシントンDCのスミソニアン博物館でよくぶらぶらしていたんですね。あるとき、子連れのお母さんと問わず語りで話していると、「あんた、何をしにアメリカに来たの？」って。「いや、ジャーナリズムをちょっと研究しに来たんですけど」って言ったら、どんな経歴の方か僕は存じ上げ

ないんですけど、子連れの普通のお母さんが「いや、ジャーナリズムはほんと大事。でも、今、アメリカのジーナリズムは駄目よ。調査報道しないから」なんて言うわけですね。

●——ええー。

立岩——やっぱり、アメリカはすごいな、と。僕が上野の西洋美術館に絵画展見に行って、そこで子連れのお母さんから「ジャーナリズム」という言葉を聞くことは、たぶんないでしょう？　ましてや「調査報道」なんて言葉は。アメリカというか、東部のそういう人たちの意識は、多分、日本と相当違うんでしょうね。

さっきの話の関係で言うと、オンブズマンの一番大きな役割は「権力は腐敗する」ということを市民レベル、市民感覚で認識させてくれたことだと思うんです。その部分では、新聞以上に大きな役割を果たしたと思うんですね。

実は二〇一六年秋、「政治基金センター」を大阪で立ち上げます。実は、これが大きい、と僕は考えていて。

政治資金センターは「誰々が悪い」「こいつが何か悪いことをしている」というより、まさに今出たような、「社会をちゃんと監視する役割を誰かが担う」ということなんです。しかもそれを市民にきちんと伝えていく。

その意味で、アイ・アジアと政治資金センターは車の両輪なんですね。政治資金センターは文字通り、政治資金を中心に調べていき、そのデータを公開する狙いです。見やすく、分かりやすく、データで示す。そして、その中から「これは伝えるべきだ」というものがあれば、メディアとしてのアイ・アジアでも伝えていく。

もちろん政治資金センターのデータはすべて誰でも無料で閲覧できます。新聞やテレビがその情報を使うなら、どうぞ、お使いくださいと。本当の意味で市民社会が「権力は監視すべきだ」という認識で一致してくれれば、多分、まさに持続可能な形で調査報道を行う環境が整うと思うんですね。

今はそうじゃない。うちの親なんか、権力監視などと言おうものなら、「あんた何偉そうなこと言って」と言いますから。そういう人が日本には多いんだと思います。

●――アイ・アジアは、公開の情報を使って何かを解きほぐしていく。そういう狙いですね？　その中でも当面の具体的な目標は、どんな内容ですか。

立岩――例えば、政治資金であり、選挙資金です。はっきり言えば、それが一番やりやすいのは事実です。資料は入手できるし。

だから、別に何かのターゲットを絞るわけではないんです。資料を読み込んでいて、「こんなことがあります」となって、じゃあ、それを書こうと。

あと、例えば、ふと目にした公開情報ってあるじゃないですか？　この間も、「アメリカ軍の映像を見ていたら、自衛隊が一緒に活動しているのでそれを記事に書きたい」と親友のジャーナリストが言ってきた。それは二〇一六年六月、「米軍映像で確認　陸自―米海兵隊合同訓練を密かに沖縄で実施　進む日米軍事一体化」というタイトルで報じました。

すごい仕事を手掛けた人から言えば、調査報道とまでは言えないようなこんな話でも、「意味がある」と思ったら書いていく。当面はそんなことを目指したいと思います。

●――政治資金センターは、具体的にどういう活動を担うのでしょうか。アイ・アジアとの棲み分けについても、もう少し詳しくお願いします。

政治資金センターは、衆参両院の議員と都道府県知事、政令指定都市の市長について、それらの政治団体の政治資金収支報告書を全部集めて、それを整理して検査していくというものを目指しています。その生データをホームページで公開します。データバンクという理解でしょうか。アイ・アジアの活動とは、一応切り離してやります。私以外では、メンバーは弁護士、公認会計士、大学教授で、何れも政治資金の調査に長年携わってきた方々です。

政治資金の問題というのは、違法性を重く見るけれど、多くの人が違法性の無いものについては発信することに抑制的です。政治資金センターとして発信するのは「違法性が問われます」といった話が中心になるでしょう。

ただ、法律に違反しているか否かだけが問題ではないとも思います。ある企業が特定の政治家に多額の寄付をしているとして、それは違法ではないわけですが、ある議員が、あるいはある閣僚が、明白にその企業に有利になるような質疑応答を国会でしていたら、これは法律に違反する疑いあります、という、そういう発信もあるわけです。アイ・アジアはそういう方向を目指しており、そういう方向に市民の目が向くよう発信できればと考えています。

何もメディアが何かを発掘して、「こいつら、悪い」と書く必要はなくて、今言ったような事実を提示していけばいい。

政治資金センターは公益財団としての手続きが行われています。全国の弁護士さんが手弁当で参加してくれているので、今はうまく機能しています。収支報告書を集めて送ってくれる作業も、ほんとに皆で手分けをしてやるわけです。

ホームページでは、データをアップするだけではなくて、検索機能をつけたいと考えています。例えば、ある企業名をキーワードとして入れたら、そこから献金を受けている政治家たち、その関連データが出てくる、と。そういうようなものを目指しています。

●――五年後、既存のメディア、フリーランス、非営利の今やっておられるジャーナリズム、どういうかたちになると思いますか。近未来はアメリカのように連携が進むと感じますか。

立岩――そう思いますよ。なんだかんだ言っても、徐々に、やっぱり変わってきているじゃないですか。例えば、新聞は昔、雑誌の記事に基づいて報道する際、雑誌名を引用しなかったじゃないですか？　でも、今、普通に「文春（文藝春秋）」の記事」と書くわけですよ。

ＮＨＫも昔、よく言われた。「民放の報道によると」みたいなことを言って、「何でフジテレビならフジテレビって言わないのか」って批判されて。

徐々に大手メディアの垣根は崩れていて、いろんな意味で市民目線に大手メディアもちょっと近付いてきていると思うんです。だけど残念ながら、手を組む所は当然ない。しかも、残念なのが、手を組むべきフリーや市民メディアの人たちが、アンチ大手みたいになっているわけです。新聞を批判することで生きてくようになっちゃうじゃないですか、そうすると。今はたぶん、接点がない。起こりようがないんです。

僕らのアイ・アジアには、別に、NHKに対してだってアレルギーはないわけですから、組めるとこと組んでいき、そこにフリーランスの人が入ってくることがあれば、その方とも連携はできると思うんです。

今、東京では大手メディアの記者らが中心になって、職能的な団体、会社の枠をこえた団体をつくろうとしているんですね。記者協会みたいな。僕がその場で言ったのは、「フリーランスとかを入れないと、結局は特権階級の集まりになって、何の意味もないですよ」ということです。そうじゃないと、「現にNHKを辞めたら、僕、その協会に入れないじゃないですか」って。そういう話をしたら、「いや、アイ・アジアはいいですよ」みたいな話になって。僕が入るかどうかという話ではないんですが。

●——ほんとにそうです。

立岩——みなさん、記者としての実績も素晴らしいし見識もある方々ですが、そういう方々でも、「そうはいっても、やっぱりフリーには信用できない人もいるんだよ」みたいに言うわけです。ただし、そうした部分にしても議論していけば、徐々に変わってくるのかな、と思います。多分五年もあれば、新聞社が今のような立場にはないだろう、ということもあります。社会は少しずつであっても変化するんです。

例えば、島尻大臣の記事について、琉球新報や沖縄タイムスが「書かせて欲しい」と言ってきたそうです。「アイ・アジアが最初に報じた」とは書いてなかったそうですが。

●——そこまでは、まだいかなかった、と。

立岩——本当は島尻大臣の件もアイ・アジアだけで取材するのではなくて、沖縄タイムスや琉球新報と協力して取材できればいいわけです。

いまは、そういう仕組みを作ることができればいいと思っています。彼らにしたって、今は「アイ・アジアって、何やってるの?」みたいな部分があるわけですよ。だけど、アイ・アジアが認知されて、しかもうそを書いているわけでもない、って徐々に徐々に浸透していけば、新聞社だって見る目も変わってくるでしょう。

今は、ちょっと様子見している段階だと思うんですよね。「こいつはほんとに大丈夫なのか」と。「どっかで失敗すんじゃないのか」と。でも五年、やっぱり大きいと思います。五年あれば、相当変わる。

僕がアメリカへ行ってチャールズ・ルイスに会ったのが五年前です。彼がCPIをつくって二〇年目だった。二〇年という時間は大きかったと思うんですけど、でも、本当にルイスの活動が評価されるのは、その後ですよ。プロパブリカが賞を取ったり、ICIJがパナマ文書で成果を出したり、そういうのはこの五年間なんです。

日本はまだ、アメリカの五年前の状況にもなってないけども、確かに、今後の五年間では、ある程度かたちはできてくるんじゃないですか。それは、僕らなのか、別の団体なのか、それは分かんない。でも、アイ・アジアはそういうものになる可能性があると思っています。その気持ちで仕事をしていかねば、と思っています。

［用語解説］

1―プロパブリカ

調査報道を専門とする米国の非営利組織。二〇〇七年一〇月に発足した。本部はニューヨーク。記事はウェブ上で無料公開。紙媒体は持たないが、既存の新聞社や放送局など一〇〇社と連携し、「ニューヨーク・タイムズ」や「CNN」などに記事を配信している。記者は約五〇人。既存の新聞社などで活躍したベテラン記者が多く集まり、待遇も以前より良い、とされる。二〇一〇年には、優れたジャーナリズム活動に贈られるピューリッツァー賞（調査報道部門）をオンラインメディアとして初めて受賞。翌二〇一一年にも同賞を二年連続で受賞した。

2―小室哲哉

一九八四年、バンド「TMネットワーク」でデビュー。九〇年代には、音楽プロデューサーとして、安室奈美恵さんの「CAN YOU CELEBRATE?」などCDのミリオンセラーを連発した。大阪地検特捜部は二〇〇八年一一月、所有していない八〇六曲の音楽著作権を譲渡すると偽り、兵庫県芦屋市の投資家から五億円をだまし取ったとして、詐欺容疑で逮捕。大阪地裁は二〇〇九年五月、懲役三年、執行猶予五年の判決を言い渡した。

3―ICIJ（国際調査報道ジャーナリスト連合）

米国の非営利のジャーナリスト組織。一九九七年にジャーナリストで元米CBSテレビプロデューサーのチャールズ・ルイス氏が設立した。世界六五カ国の約一九〇人が加盟し、国際的な調査報道を目指す。タックスヘイブン（租税回避地）で法人の設立を請け負うパナマの法律事務所の内部資料に基づく取材・報道によって、アイスランド首相やロシア大統領の知人らの金融取引の実態を明らかにした。

4―アジアプレス・インターナショナル

独立系ジャーナリスト集団。一九八七年一〇月、フリーランスのジャーナリストが集まって発足した。これまでバンコク、マニラ、台北、北京、ソウル、大阪、東京などにオフィスを開き、アジア一〇カ所以上の地域で取材。既存の放送局、新聞社、ネットメディアなどに配信している。

5——バズフィード

米国のウェブサイト運営会社。二〇〇六年に設立。コンテンツは、ニュースやエンターテイメント、動画など二八セクションがある。日本版は二〇一六年一月にサービスを開始した。日本版の運営会社「BuzzFeed Japan株式会社」は「ヤフー株式会社」の合弁事業会社。

権力監視の条件と環境

——日本記者クラブ主催　第一〇回記者ゼミ（二〇一五年一一月二七日）の講演から

高田昌幸

皆さんは経験も積んでいらっしゃる記者なので、「調査報道とは何か」は省き、「いったい我々に何ができるか、どういうことができるか」を中心に話をしたいと思います。

「調査報道とは何か」を飛ばすと言いましたけれども、一点だけ強調しておきたい。私の言う調査報道、権力監視とは、評論ではない。例えば、「安倍政権はけしからん、こうこうすべきだ」というのは、私に言わせれば評論です。評論は大事なので、いろんな意見をどんどん報道すべきだと思います。

しかし、きょうお話しするのは、基本的にファクトの世界。記者が何か事実をつかんで、その積み上げによって、世の中に隠れていることに疑義を唱えていく。それは評論ではない。記者会見で安倍さんが言ったことに対し、「あなたは間違っている」と言うのは評論です。そうではなく、実際のファクトをつかみ、「言ってることと、やってることが違う」と。あるいは「これを隠しているでしょう」と。それが権力監視だと理解してください。

もう一つ。現行の記者クラブ制度について、です。私は非常に批判的で、本も論文も書いています。あるいは「記者室と記者会見の完全開放を求める会」をフリー記者らと一緒につくって、このプレスセンターで「記者クラブを開放しろ」という記者会見をやったこともあります。

しかし逆説的かもしれないけれども、私は、記者クラブそのものは大事だと思っている。なぜかというと、記者クラブ、記者室は建物の中にある。権力機構の中枢部に記者が活動できるスペースがあります。警察なら、警察署の中にある程度入っていけます。外務省だったら、外務省の建物の奥深くに日常的に入っていくことができる。そういう意味で、記者クラブや記者室の存在自体は非常に大事であろうと。問題は、そこで何をしているか。記者が何をやっているかということです。

元NHKの小俣一平さんが『新聞・テレビは信頼を取り戻せるか』(平凡社新書)という本を最近書かれています。古いところでは、岩瀬達哉さんは『新聞が面白くない理由』(講談社)を一九九八年(二〇〇一年に文庫化)に書かれています。岩瀬さんの本によると、発表報道及び発表の加工報道の割合が、当時七割から八割。小俣さんの本によると、発表報道の割合はやっぱり同じ程度だった。

要するに、発表報道ではないものを記者クラブを拠点にして、どうつくっていくか。そこを考えたほうがいい。そこが出発点ではないか、と。

少しイメージしていただければわかると思います。例えば、外務省の密約問題を取材しようと考えたときに、外務省の建物の中に拠点があって取材ができる場合と、外務省の門の外にいて「誰かに会わせろ」と叫んでいる場合と、どちらが肝心な情報源にアクセスしやすいか。一概には言えませんけれども、大ざっぱに言えば、最初から権力機構の中にいたほうがやりやすいはずです。そういう点からも、権力監視は日常取材の延長線にあると。そんなイメージを持っています。

ここからが本題です。

調査報道、つまり権力監視はどうやればできるのか。統一的なノウハウはありませんけれども、一定の類型、一定のパターン、一定のやり方はあるだろうと。それが三〇年間の記者生活の結論です。「調査報道で一番大事なことは何ですか」という質問をよく受けます。答えは「調査報道は端緒が全て」です。当たり前ですけれども、取材は全て、何かのきっかけがあってスタートします。取材して、記事を書く。取材を重ねて、裏をとって記事を書く。一般の取材でも、取材はきっかけが全てです。調査報道も同じです。何か世の中でおかしいことが起きている、何か外務省で、財務省で変なことが起きている、その端緒をどうやってつかむか。それが全てだと思います。これができるかできないかが、決定的な分かれ道です。権力監視の報道ができるためには、端緒をどうつかむか、だけです。

では、端緒のつかみ方には、どういうものがあるか。一番大事なのは「日常の取材先から、記者個人が『内部告発先』として認識してもらう」ことです。ここにいる記者のみなさんも、ふだん、いろんな場所をベースに取材をしていると思います。そういう日常の取材先から「この記者であれば、この情報は伝えても大丈夫じゃないかな」「どうしても外に訴え出たい内容がある。この記者にだったら言っても大丈夫」、そういうふうに思ってもらえるかどうか。つまり、「内部告発を行う相手としてこの記者は適切である」と思ってもらえるかどうか。それが最初のポイントだと思います。

最近、毎日新聞さんは、ウェブから秘密投稿ができるようになっていますよね。情報を暗号化して。Yahoo!やGoogleではなく、特別のブラウザを使って内部告発のメールを送ることができるようになっています。テクノロジーが発達すれば、完全に自分の身元を秘す形でできるでしょう。あるいは、今でもそうであるように、手紙や電話でも一定程度は身分を隠して内部告発はできると思います。

しかし、私の経験上、本当に大事な内部告発は、一対一の関係で行われる。一対一の関係というのは、日常的につき合っているAさん、Bさん、社長さん、部長さん、そういう人。

資料として配った「中富良野町に裏会計」をごらんになってください。これは相当前の記事で、私が取材しました。リゾートで有名な北海道の中富良野町というところで、町役場がリゾート業者から巨額の現金を預かって、役所の収入役とか町長とか、幹部らが使っていたという話です。民間業者の金を役場が扱っていた。開発業者のために地権者との交渉などを役場が事実上代行してしまっていた。そのための必要経費などです。この一報のときは三七〇万円預かっていた。しかも収入役が役場の公印で預かっていた。

これの端緒は何だったか。実は、お金を預かる側にいた役場の人です。町長も助役も収入役も各課長ら、みんなが関わっていたのですが、その中に「こんな違法なことを後任者に引き継いでいいのかどうか」と、ものすごく悩んだ人がいました。悩みながら、結果的に引き継いだ。けれども、本人は思い悩んでいた。

私は、中富良野町に別件の取材で通っていたことがありました。それで、その方の自宅で「お久しぶりです」と話して、帰ろうとしたら、「朝一番でもう一度自宅へ来てくれ」と。翌朝行ったら「こんなことが役場で起きている。何とか頼む。情けないけど、俺の力ではどうしようもない。取材には表向き、俺はもう答えられないけど頼む」と言って、資料を渡されました。

それで取材を始めた。約束を守って外で当人と顔を合わせても、相手はそしらぬふりをする。わざと。小さい役場です。みんなが何となく、取材に聞き耳を立てている。

それからもうひとつ、破綻した北海道拓殖銀行の関連記事をみてください。

拓銀は一九九七年に経営破綻しました。これは経営破綻した直後の記事です。拓銀はその後、いろんな不正融資が表に出てくるんですが、その皮切りに近い記事です。

私は北海道新聞時代、社会部に在籍する前、経済部で主に銀行を担当していました。だから地元の銀行を中心に多くの知り合いがいた。拓銀が破綻に向かう混乱の中、内部文書が流出するようになってきた。本来は流出するはずもない内部文書も、です。銀行からのリーク合戦みたいなものもあった。その流れの中で、不正融資の資料も取材班の手に入るようになってきた。

なぜ内部文書が入手できたか。やはり、日常的な取材が基礎だと思います。経済部で銀行を担当していたときに、毎日のように役員や幹部を夜回りしたり、すすきので付き合ったりしていた。経済部の時が一番、夜回りしました。そういう積み重ねがあって、「こいつだったら信用できるんじゃないか」と思ってもらえたんじゃないか。拓銀関連の不正の報道は延々と続くんですが、そういう経緯があって、生のペーパーも手に入ってくるようになってきたということです。これが一対一の意味ですね。

端緒をどうつかむか。その二番目は「素性が悪いと思われがちな人とも意識して付き合う」です。

皆さん、ふだん取材先ではいろんな方とお付き合いしていると思います。その中で、本当に権力の中枢に入って何かをひっくり返すような調査報道、その端緒をどこでつかむかということで言えば、この二番目、「素性が悪いと一般的に言われる人とどう付き合うか」も大きなポイントだと思います。

日常的な取材は通常、いわばクリーンな人とのお付き合いでしょう？　身分のはっきりしている、官僚とか、市長さんとか、何とか財団の理事さんとか、非常にきれいな方とお付き合いすることが多いと思います。しかし、そういうところからは、なかなか本当の端緒というのはつかめないんじゃないか。

街金業者と付き合ったことがある人、いますか。あと、手形のパクリ屋みたいな人とか。あういうところはものすごく情報が早い。どこかの企業が潰れかけているとか、どこかの政治家に変な金が渡されたとか。何か裂け目があると、すぐそこに手を突っ込んでいって金をむしりとろうとしているような人たちなわけです。アングラ経済人みたいな。

そういう人たちの輪の中に入る。そういうところによく警察の二課の人とかいるわけです。ああ、二課もそういうところからも情報をとろうとしているんだな、というのがまた見えてくる。あと、情報誌の世界。有名だった「現代産業情報」、あれは後に「アングラ」とは言えないぐらいメジャーになっていたと思いますけれども、いわゆるアングラ系の情報誌とか、一昔前で言うと、総会屋系の情報誌、そこに書いている人たち。とにかくそういう人と付き合う。

それから「二課のネタ元」。贈収賄事件を扱う捜査二課と同じことをしても、僕らは仕方ない。だから、二課がどこから情報をとっているかを探って、そこに当たる。あるいは、民間の信用調査機関、帝国データバンクとか、東京商工リサーチとか、あの人たちはどこから情報をとっているのかを考えて、そこにこっちが情報をとりに行く。データバンクの情報員ではなく、こっちが直接そこへいく。そこを大事にする。

「元職」もすごく役に立つと思います。例えば、政治家の元秘書とか、あるいは企業の元役員とか、原発の関係でいえば電力会社の元役員とか。元職とふだんから交流しておく。元政治家でもいいです、元市長でもいいです。「元」が大事です。現職ばっかり行かない、これをぜひお勧めしたいと思います。

参考資料の中に「忠別ダム用買収解決資金」という記事があります。一九九七年五月二六日の北海道新聞一面です。見出しの「旭川開建」は旭川開発建設部と言って、北海道開発庁の出先です。

記事の内容を簡単に言えば、こういうことです。国営ダムの建設に絡んで、水没予定地を国が買収できなくなった。地主に値段を吊り上げられて。買収予定地の真ん中に土地を持っていたのは、地元の暴力団関係者です。着工予算もついたのに、用地が買収できない。そういう事態に陥ったときに、まだ入札公告もしていないのに、事実上三年も前から談合で受注が決まっていた大手ゼネコン側に「民間で買収して国に安く転売しろ」という話が浮上した。ゼネコンも一流企業ですから、自分では手を汚したくないので、一次下請けに裏金をつくらせます。フィクサーみたいな人物も介在し、一時下請けの関係先が問題の土地を買って、国に安く転売した。その費用は着工後、ダムの設計変更でちゃんと取り戻す。そういう仕組みだったのです。

そのときに、六億円のお金をデリバリーする場面があったんですね。ゼネコンの幹部と一次下請けの幹部、元の土地所有者、国の役人。それらが札幌のホテルの一室に集まり、六億円、ボンと動かします。そこに、関係者の口止め役として、本州の暴力団幹部もいた。その幹部は六億円のうちから億単位の金を持って行く。そういう事件だったんです。これはその後、国会でも出ました。でも、真相は闇から闇です。

この関連記事は何本も書きましたけれども、誰も事実関係は公式に認めませんでした。公式には、です。こっちは絶対の確信がありました。関係者からほとんど全てを聞き出していた。その内容が正しいかどうかを三〜四カ月かけて取材する。そういう流れでした。結果として、事実関係は当初の取材のとおりでした。

では、端緒は何だったか。これらの工作に関わった人がしゃべってくれた。その周辺にも「アングラ情報」として出回っていました。それをつかんだわけです。逆に言うと、そういう地下水脈みたいな人たち、そこと接点を持ち、継続的に接触していなければ端緒はキャッチできなかった、ということです。実は三〇年間の記者生活の中で一番記憶に残っているコメントが、この記事の中にあります。記事の最後のほうに、旭川開発建設部の幹部のコメント。何度も取材に行って合計で十数時間の取材のあげく、彼は言った。「男には死んでも言えないことがある」。言い逃れできなくなった相手の最後のせりふがこれでした。

ポイントの三番目です。これは「証言だけでなく、証拠のブツを」です。これも調査報道には必須だと思います。もちろん、証言だけで原稿を書けないわけではないですけれども、非常に危ないです。特に記事が出た後に、「俺はあんなことを言ってなかった」という人が出てくるかもしれない。取材時点の証言を変遷させる恐れもある。その点で付け足すと、調査報道の取材においては、必ず録音をしたほうがいい。自分の身を守るためです。「言っていない」「言った」の世界になったとき、最終的に自分の立場を固めるものが必要です。もちろんノートでもいいですよ。大事なのは記録しておくことです。

私の場合は、よくＩＣレコーダーを二つ使いました。とにかく何とかして録音はとるべきです。道義的にどうたらこうたらと、そんなことを言っていると、調査報道はできないことがある。仮に会社の上層部が「相手の了解がない録音はやめろ」と言っても、何とかして録音のことを考えるべきです。会社は最後に記者の身を守ってくれるとは限りません、究極的には。だから自分の身は自分で守る。

物的証拠、つまりブツの話で言うと、誰がそのブツを持っているかを特定することが大事です。

配付資料の中に、琉球新報の二〇〇四年の記事「地位協定の機密文書入手」があります。このときの中心にいたのが、いま沖縄国際大学の先生になっている前泊博盛さんという方です。

この取材で、外務省のペーパーをどうやって入手したか。私が書いた「権力vs.調査報道」(旬報社)という本に詳しく書いていますので、ぜひそれを読んでください。

基本的には、前泊さんは文書を借りてくるんですね。そしてコピーしてすぐ返す。

これが良い方法かどうか、判断は難しいかもしれません。いまのコンプライアンスで言ったら許されないかもしれない。でも、コンプライアンスの何によってそれが許されないかというと、皆さん、答えられないでしょう、多分。「何となくよくないことだ」というイメージで言っているかもしれないです。

だから、どこまでが取材として許されるのか、許されないか、については、結構真剣に詰めて考えたほうがいいと思うんです。つまり、ここで言いたかったのは、ブツにはいろんなとり方があるということです。

次の記事資料を見てください。九七年の記事です。

北海道新聞の地元札幌に「丸井今井」という大きな百貨店があります。そこの社長が役員会の議事録を偽造して、自分の個人的な投資の債務保証を会社にさせていた。自分の借金を背負わせていた、という特別背任を絵に描いたような話です。

この取材では、偽造議事録そのものが最初に入手できました。記事に掲載した写真はその偽造の議事録そのものです。あとは、その偽造とされる議事録が本当に偽造かどうかを調べていくわけです。

一般論で言うと、会社の取締役会の議事録は、そもそもどこにあるのか、だれが触れることが可能かを考えるわけです。すると、人は限られる。ただし、ブツそのものを紙面に載せるようなケースでは、それが誰から出たか、当事者たちには絶対に分からないようにしなければなりません。そうしないと、思わぬ形で情報源がばれてしまうことがある。手元のブツをそのまま紙面に出していいか、あるいは取材先でそのブツを示して良いか。よくよく考える必要があります。

沖縄密約事件のとき、毎日新聞記者だった西山太吉氏は、入手した機密電文を社会党の代議士に渡しました。取材で得た資料をそのまま外部の者に渡すことの是非は問われるべきかもしれない。しかし、さらに言えば、このときは代議士が資料片手に国会で質問に立ち、答弁席にいた外務省職員が「先生、資料を確認させてください」と言ってその資料を見て、それで出所が分かった、と言われています。決済欄の印鑑の順番で分かったそうです。取材者が直接ばらしたわけではないとはいえ、資料の現物を不用意に外に出したために、情報源が露見する契機になったわけです。そういう失敗をしてはいけない。そうであっても、ブツは大事です。ブツを手にすれば、証言ベースだけの取材から大きくステップアップしていくことは間違いありません。

四番目のポイントは「日常取材の中での『反問』『疑問』」です。とくに若い記者の方にはぜひこれは言いたかった。

日常の取材の中で、例えば記者会見やレクの場で、多くの人は、質問はしています。ただし、単なる質問が多い。漢字はどう書くんですかとか、その被疑者の生年月日はとか。本当に必要なのは単なる質問ではなく、反問です。疑問です。疑問に思ったことを必ず問うていく。「おかしいじゃないですか」と。「あなたの言っていることは法律に書いてないじゃないですか」と。「それは法律に書いてあるんですか、規則に書いてあるんですか、それともあなたの裁量で言っているんですか、裁量だったら、誰が判断しているんですか」と。もう徹底的にやっていくんです。

そういうことが多分、一歩一歩、記者が取材相手に対して、特に権力機構に対して前に出るということです。それをやめて、ただの通り一遍の質問を繰り返すだけになると、記者会見とかレクの場はものすごくぬるくなります。

相手が立ち往生して言葉に詰まるところをみんな見たくないのかな、と思います。相手が激怒して机をたたく場面を、みんな、見たくないですか？「誰だ、その質問をしたのは」なんて言わせたいじゃないですか。

そういう質問をその場できちんとできるかどうか、だと思います。名前の解釈、字の解釈とか、そういうものが質問ではないだろう。少なくとも記者の質問ではないだろう。なぜ会見でそれをやるか。私見ですが、会見というオープンの場で、厳しい質問を繰り出すことができない記者は、一対一の取材でそれはできません。相手を詰める取材で、厳しいやり取りはできない。なぜなら、そういう実践訓練ができてないからです。会見はいわば、その実践訓練だと思えばいい。

取材先、特に偉い人は時々「君はいい記者だ」と言うじゃないですか。どこかの市長とか、知事とか、言いそうじゃないですか。私も何度か言われたことがありますけれども、権力者に「君が一番いい記者だ」なんて言われたら、その記者は自分の記者人生を振り返ったほうがいい。権力者に褒められるとは、どういうことなのか、と。「二度とおまえには会いたくないけど、おまえには会わざるを得ない。おまえの取材には応じざるを得ない」と、そういう関係をどうつくるか。ふだんから、そういうところが大事なんだろうと思っています。

調査報道のポイント。その五番目は「日常的に公開されている情報の活用」です。キモは「その公開情報で何がわかるかを知ること」です。

若い記者に勉強のために勧めるのは、政治資金収支報告書と選挙運動費用収支報告書を読み込むことです。前者は、ご存じのとおり、政治資金規正法です。それから選挙運動費用は公職選挙法です。選挙運動員向けに「手引き」みたいな書物もありますし、そういったものを良く読んで理解して、「何が違法か違反か」を事前にしっかり頭に入れておく。そこがスタートです。

その上で、政治資金や選挙運動の報告書を全部チェックして、どこにおかしいところがあるのか、ないのかを調べていく。地道ですけれども資料分析の基本です。

記事資料の中に、香南市長、選挙事務所費「ゼロ円」というものがあります。これは、報告書類をチェックしていて、端緒をつかみました。私が高知新聞に入社したのは二〇一二年四月ですから、記事はその一カ月後、五月ですね。

選挙事務所の費用がゼロ円とは、一体どういうことなのか、それを考えなければいけません。そのためには、先ほど言ったような、政治資金ハンドブックとか、「選挙運動員必携」とか、日頃からそういうもので勉強しておく。選挙運動員のために、あるいは政治家の秘書のためのマニュアルです。そこに書かれている物差しを頭の中に入れておく。そうすると、政治とカネの関係の中で、政治家たちは一体何を許され、何を禁止されているか、分かってきますし、こういう記事が書けるようになるんだろうと思います。

こういうこともありました。

琉球新報の勉強会に呼ばれ、「調査報道は最初に何をやればいいでしょう。政治資金とか選挙運動費用で何をできますか」と尋ねられた。そのとき、田舎の市町村議会の選挙などになると、選挙運動費用収支報告書を出していない、あるいは大幅に遅れて出すという人が実はいます、と話しました。

公選法上は選挙が終わって一四日以内に選管に選挙運動費用収支報告書を出さなければいけません。違反には罰則もあります。ところが、意外とみんな出し遅れたり出していなかったりする。そこをまずやればいいのでは、と言いました。

取材は簡単です。各都道府県あるいは市町村の選管に行って、選挙運動費用収支報告書が提出された日付をチェックするだけです、原本をみながら。そうすると、あ、この議員、未提出だと。そんなのは、いくらでもあるでしょう。あしたにでも、すぐできます。高知新聞でも、若い記者にやってもらったことがある。すると、長く議員をやっている人が、何年も選挙運動費用収支報告書を出していない、ということがわかりました。

「選挙運動費用収支報告書を出していなかったから何だというんだよ」とか、「形式犯にすぎないし、大問題ではない」とか、そういうことを言い出す人がいます。同じ取材記者の中にもいる。「政治資金の報告書の記載が事実と違うなんて、それがどうした？」という意見です。必ず出てきます。

でも、例えば虚偽報告の法定刑は確か、三年ですよ。懲役三年に値するようなことなんです。だから、放っておいていいわけないし、見つけたら取材して書くのは当然だろうと思っています。

さらに資料をめくってください。「高木参議院議員が国土法違反」の記事です。皆さん、政治家の資産報告書をみたことあると思います。もちろん、資産報告書だけを単に眺めているだけでは、何もわかりません。

私が北海道新聞時代にやっていたのは、国会議員とか知事とか首長さんの自宅の不動産登記簿を全部集めることです。それを毎年更新します。そこがベースです。そうしていると、いろいろ分かる。

高木正明議員は、あるときに自分の自宅を会社に売っているのが判明しました。売った先の会社を調べると、役員欄の代表者が議員の親族であり、役員に議員の奥さんも居る。一体これはどういうこっちゃ、と。自分の個人名義のものを自分の親族が役員をやっている会社に売っているんです。しかも、会社の所在地は当の自宅で、ペーパーカンパニーです。

登記簿類を見ると、ペーパーカンパニーは高木さんの自宅を買うときに、銀行から七〇〇〇万円だかお金を借りていました。お金を借りて、その物件を買ったんですよ。変でしょう、どう考えたって。例えば、私が自分の住宅を持っているとして、私がペーパーカンパニーをつくり、そのペーパーカンパニーが私から買う。そのために銀行から七〇〇〇万円を借りたんです。その七〇〇〇万円はどこに行くか。私のところに来るんです。これは一体何だろうと思うじゃないですか。

しかも売買は選挙の直前でした。参院選の直前にお金を借りていました。当時は、都市部の地価高騰を抑えるために、一定面積以上の不動産売買には国土法の届け出が必要でした。札幌市長の許可が必要でした。その許可がない限り、銀行は融資しません、という形になっています。

で、記事を書く前に銀行に取材しました。ここの高木さんのところで、ちゃんと国土法の許可が出ているのかどうか。銀行は「答えられない」と言っていました。それはそうですよね。でも、ある方法を使って、高木さんのところは国土法の許可も取っておらず、売買しているとわかってしまいました。それがこの記事です。国土法違反。銀行も国土法の許可が無いのに、融資を実行していた。高木議員は大蔵政務次官もやっていたんですね、このころ。

この端緒は何か。政治家の資産報告書と自宅の土地登記簿と、それに関連する会社の商業登記簿と、それを突き合わせた。ただそれだけです。それが端緒です。

ネタ元に相当する人はいません。内部告発もありません。

記事資料の最後には「高知工科大含み損一・四億円」が出てきます。大学のホームページなどをみていると、「情報公開」があります。そこをクリックしていくと、大学の役員とか、いろんなものが出てきます。その中に「決算報告」が入っています。その決算報告をクリックしてみていくと、年度ごとの決算書が出てきます。

高知工科大の場合は、過去五年だったかな、にわたってホームページ上で公表されています。その公表されている決算のバランスシート、損益計算書ではなくて貸借対照表のほうを年度ごとに五枚並べてみていると、大きく変動している項目がありました。細かいので、説明は省きますけれども、資産が妙に変動していることがわかった。一体これは何だろうと思って、ずうっと決算書の附属明細書などをみていくと、元本保証のない金融商品を多額に買っているということがわかってきました。何枚か並べて経年変化を追っているだけです。銘柄も明細書に出てくる。後は、証券会社に照会して、価格の変動とか取引条件とか聞いて、それでこの時点で含み損が一・四億円あると分かった。国公立大学なのに、これでいいのか、という記事として書きました。

これは記事になった後、大学関係者から「共産党から情報が行ったのか」みたいなことを言われました。実際は単純に決算書を並べただけです。つまり公開資料だけで分かることもある、という実例です。そのためには、ちゃんと決算書を読み込む一定程度の力は必要です。

「権力監視報道を可能にする組織的な条件」も重要です。大手メディアはどうやって、調査報道を実践するか、その組織上の条件は何か、という視点です。

まず「何よりも持ち場で自己の役割を果たす」が大事。これは先に説明しました。それから「最初は少人数で」やる。これも必須条件だと思っています。最初から一〇人で調査報道をやりましょう、このネタで、としてしまうと、絶対うまくいきません。

うまくいかない理由は、たったひとつです。

調査報道の取材は、そのテーマについて、みんなが同じ知識、同じ水準を保ちながら取材を進めていく。情報も共有しながら。それだと、少人数のほうが話は早いですよね。一〇人が同じ知識水準、同じ理解力に達するというのは大変なことです。「おまえにこの取材を任せたよ」と言ったつもりが、彼の理解力は遅くて、そこまで行っていなかったとか、そういうことは往々にして起こります。ですから、最初は少人数で、絶対やるべきだと思っています。

それから「他部署に任せない」。これも本来的な姿だと思います。例えば政治家の、最近でも「うちわ」とか、島尻さんの「カレンダー問題」とか、出てくるじゃないですか。あれは基本的に政治部の記者が徹底取材すべきです。政治家の不正やスキャンダルは政治部の記者がやるべきです。警察のスキャンダルは警察担当がやるべきです。何のための担当か、ということですね。

それを突き詰めた形が、私が一〇年ぐらい前にデスクとして手掛けた北海道警察の裏金問題です。あれは基本的に全部、警察担当記者が警察とガチンコでやりました。そのために記者クラブにいるわけです。

お題目としては「記者クラブは権力監視のためにある」と言われます。しかし、それをお題目のままにしてはいけないということです。当たり前ですけれども、外務省の権力悪は外務省の担当記者がやればいい。もし、同じ新聞社の政治部の外務省担当記者が「外務省の不正の取材は社会部の仕事だ。社会部のおまえがやれ」などと言っていたら、思い切り言ってください。「ふざけるな、まずおまえがやれ」と。「そうやって逃げるのか。そうやって一生なめられた記者で終わるのか」と。

これは絶対的な基本だと思います。これをやり続ければ、おそらく日本のメディアの力は、対権力との関係で相対的に上がっていくだろうと思います。目の前の勝負どころで逃げ道をつくるから、なめられるし、全体としての力は上昇しない。

これを突き詰めると、「調査報道の専門チームは機能するか」という問題に突き当たります。いま、いろんな新聞社で、朝日新聞だったら特別報道部、共同通信だったら調査報道室かな、いろんな調査報道のチームができています。それが機能するかどうか。

私は、そういう組織をつくっても、それだけで機能するというものではないだろう、と思っています。

調査報道の主たるものが権力監視だとすれば——きょうは権力監視の話です——権力の近くにいつもいる記者は誰ですか、と。現実、省庁の担当記者、記者クラブに詰めている記者がいるわけです。その人たちがふだん、権力監視をやればいいわけです。その人たちが「俺が取材するのは政策だから、不正は特別報道チームでどうぞ」と言って良いのか。そうやって、権力のポチになっていていいのか。それだと、絶対うまくいきません。常日頃、その場にいる人がガチンコで勝負せずして、誰がやるのでしょうか。

では、特別報道チームみたいなものが無意味かというと、そうも思いません。権力の日常を監視するという形ではなく、別のアプローチの方法があるだろうとは思います。でも、特にこういう時代に入って、安倍政権がいろいろとプレスに対してプレッシャーをかけているような状態で、一番必要なのは、根本の足元ところで権力機構と向き合う。調査報道によって、権力の薄っぺらい皮を引っぱがしてやるぜ、みたいな、本当の意味での調査報道は、やはり現場で張りついてみている人でないとできないし、そういう人が担わない限りは、いまのメディア状況はなかなか変わらないんじゃないかなと思っています。

（質疑応答）

質問——「偏っていますが、何か」という神奈川新聞の記事が話題になっています。それに関連して、いま全体のメディアがどう萎縮しているか、それについてどうするべきか、調査報道からは外

れるかもしれませんが、うかがいたい。

高田――そもそも中立というものがあると思うほうがおかしい。中立って、何ですか？

例えば、あなたと、いま私が立っている場所の真ん中に立てば中立ですか？　釈迦に説法みたいな話ですけれども、全てのメディアの報道は、全て誰かの目と頭の中を通って加工編集されているので、その時点で、全て偏っています。

基本的に偏向と中立が対義語であるかのように考えることが変なんだろうと思っています。「偏向」の対義語は「中立」でしょうか？　私は、違うと思う。偏向の対義語は「多様性」だと思います。偏向と中立は互いに相対する概念ではない。

何か、中立であることが大事であるかのようないまの風潮は、「役所イコール中立」であるかのような刷り込みになりつつあって、行政の立場、行政の言うことが中立、と。これ、変でしょう？　平たく言えば、「おまえは中立じゃない、偏っている」と言われても、「それがどうしたんですか？」という話であって、あの神奈川新聞さんのとおりですよね。

特に最近は、教育委員会が「政治的中立に配慮して」などという言い方をします。「政治的中立に配慮して、何とかホールでやる反原発の講演会の後援はしません」とか、「県教育委員会はそれをサポートしません」とか。場合によっては、後援の取り消しだけでなく、「会場の使用をそもそも許可しない」とか言い出すわけですね。

では、中立であるかどうかを一体誰が判断しているか。一役人が裁量権で判断するのか。そもそも、行政に中立かどうかを判断させていいのか。そういう問題が出てきます。「政治的中立」という言葉が一般名詞としてすでに流通し始めている。政治的中立を守れ、みたいな、国体護持みたいな。冗談じゃないんですよ。多分、戦前の感じもこういう感じだったんだろうと思います。

質問――先ほど、調査報道のチームを特別につくってやることについて、別のアプローチがあるだろうとおっしゃいましたけれども、いわゆるクラブに張りついていない、遊軍的な立場のメリットといいますか、どんなアプローチがあり得るか。

高田――毎日新聞が一九八〇年代にやったミドリ十字事件が晩聲社から、『偽装』という本になっています。本もとってもおもしろいんですけれども、その巻末のところに、当時の毎日新聞の大阪社会部の方が二〇〜三〇ページ、「社会部遊軍とは何か」ということを書いている。

当時の社会部遊軍は、半ば、イコールで調査報道チームだったようです。あれを読み返していると、記者クラブに張りついている記者もいるんですけれども、世の中の問題というのは全ての役所がカバーしているわけではない。

ミドリ十字事件の場合は、社会部の遊軍チームが七三一部隊で働いていた人たちがその後日本のどこに戻ってきたかを調査しているうちに、日本ブラッドバンク(ミドリ十字の前身)で血の売買にかかわっている、そこで人体実験みたいなことをまだやっている、ということを掴んでいく。

それの取材の流れをみていると、「七三一はその後どうなったかを調べてみよう」と言いながらミドリ十字のほうへ行くわけです。記者クラブでの張りつき取材は、日々、権力機構が何をやっているかをチェックするわけですね。ものすごく重要です。

でも、もっと広いワイドな視野でいろいろな出来事を見ることも必要なわけです。クラブ詰めが虫の目だとしたら、毎日新聞のこのチームは鳥の目。もっと広く見渡しながらやっていく感じです。

ここから先は「鳥の目」の方法論ですけれども、ひとつには開示請求を山のようにやっていく方法もある。開示請求でいろんなところに光を当てていくというやり方がある。

もうひとつ、記者クラブ詰めになっていると、どうしてもその瞬間瞬間で勝負していくので、少し過去にさかのぼるような歴史的な視点がどうしても弱くなる。調査報道チームのようなものが仮に自由に動かせるんだったら、少し過去にさかのぼりながら、何年か前のやつを掘り起こしていく。そういうこともできる。

例えば、日本の原子力の歴史。みんな初代の原子力委員長の正力(松太郎)の話はする。原子力委員長初代は正力ですよね。三人目、誰か知っていますか。正力です。

では、二人目は誰ですか。ほとんどの人が知らないです。原子力開発の歴史本を読んでいても、あまり出てこない。二人目は、宇田耕一氏という人がやっているんです。たまたま高知選出の代議士だった人です。宇田委員長の時代にIAEAに行って演説をしたり、重要なこともやっているんですが、なぜかスポットが当たっていない。宇田氏はもう亡くなってますけれども、親族宅などに、もしかしたら宇田家の日記か何かあるかもしれない。宇田氏が原子力にどういうかかわり方をして、例えば、核オプションで、核兵器を持つか持たないかの議論がどう始まったかとか、もしかしたら重要な資料があるかもしれません。

そういう感じで、歴史をちょっとさかのぼりながら動くのは、チームとして自由な遊軍の機能、調査報道チームになるでしょう。記者クラブに張りつきだったら、なかなかそういう動き方もできないですから。だから、専門チームも日常監視チームも両方大事だと思います。

質問——調査報道は端緒が全て、ということなんですけれども、要はその情報がマスコミを通して世に出ることによって、情報をリークしてくれた人の得になるようなことも考えられる。要は、マスコミを利用して、自らの立場をよくするために情報を出す。そういうことも十分に考えられると思うんです。そういったときに、その情報に公益性があるのか、正しいものか、利用されていないか、そのへんをどう判断したらいいのか。

高田——内部告発の動機は、経験上、基本的に私怨です。一番多いのは恨みつらみです。「あの上司、許せねえ」とか、「この局長、ぶっ飛ばしたい」とか、基本、最初はそういうところです。それはそれでいい。というか、真っ当な正義感だけに燃えて、内部告発によって自らの組織を良くしようと思って立ち上がる人というのは、実はそんなに世の中にはいないだろう、と。逆に、そういう格好で内部告発に来た人は、僕は警戒します。あまりにもリアリティーがない。

そういう点からすると、報道が内部告発をした人の利益になるとか、あるいは内部告発をした側の組織の利益になるとか、そういうことは結果としてはあると思います。でも、それと報道することの公益性、社会性の判断というのは、次元がちょっと違うと思う。

でも、利用されるかもしれない、という自覚があれば、僕は大丈夫だと思います。知らずに利用されるのはだめですけれども。あとは、利用される程度と、記事の影響力や公共性、それらとのバランスみたいな話ですから。

「利用されている」という点で言えば、ふだん僕らは記者会見やレクで、さんざん利用されているわけですよ。利用されようとしているわけですよ。結果として、相手の行政的な広報を一生懸命している。それを気にせずして、「内部告発で利用されたらどうしよう」なんて考える必要はないと思います。

この関連で、内部告発者をどう守るか、についても触れておきます。一般的に言えば、どんなことがあっても守る。それが全てです。情報源をばらしてしまったら、この世界では終わりです。記者生命も終わりです。

では、どうやって情報源を守るか？　基本的は誰にも言わないことです。

昔、ウォーターゲート事件のとき、ボブ・ウッドワードとカール・バーンスタインが『大統領の陰謀』という本を後に書きますけれども、「ディープ・スロート」と言われた情報源はFBIの副長官だった、という暴露話をFBIの副長官の家族か誰かが、五～六年前だったたですか、本に出しました。そのとき、ボブ・ウッドワードのほうだったかカール・バーンスタインのほうだったか忘れましたけれども、「そのとおりだ」と言ってしまったんですね。プレスから「そのとおりなんですか」と尋ねられて、「そうだ」と言っちゃった。

「そうだ」と言ってはいけないんですよ。あの事件のネタ元は俺です、という人が何年かたって名乗り出てきたって、「ノーコメント」と言い続けなければいけない。

質問——当然、事実に突き当たることもあると思うんですが、諦めることもあったと思います。百発百中ではないと思う。諦める「めど」があるとすれば、どういうところですか。

高田——もちろん書けなかったテーマ、ネタはたくさんあるわけです。

例えば、ある企業の不正を追っていたときのことです。金の変な流れがどうもありそうだ、となった。で、その金の流れを知っている内部の社員が当然いるわけですよ。キーパーソンとして。誰が金の流れを知っているか、まずそれを特定しないといけない。その人に社外で会ったり、夜に自宅を訪ねたりしながら、いろいろ説得を試みるわけですよね。で、最終的には「帳簿を見ることができないか」と持ち掛ける。当然、なぜそれが必要かを説明します。それによって、どんなことを正したいのか、それも説明する。全身全霊で説得するわけすね。人間力です、そこは。

でも、何回もやっても結局らちが明かない。そういうとき、元職を当たります。以前にお金を扱っていたポストにいた人を探し出す。でも、その人もなかなかうまくいかない。経理関係の物がない以上はしようがないので、変な所にお金が流れたんじゃないか、というのはその時点で諦めました。

別の例では、北海道新聞の時代の経験もある。北海道庁の首脳に一〇〇万円の現金が渡ったという話があった。預金の元帳の写しまでゲットして、現金が首脳に渡ったことも間違いない、と。「よっしゃー」となりました。お金を渡した方は、東京・上野の会社で、道庁の発注先でもあった。

すると、この上野の社長は「この金は一体何なんだろう」と言うわけです。お金を首脳の口座に振り込んだ会社の社長だったんですが、振り込み時と取材時では経営者が変わっていたんですね。ほかにもいろいろあったのですが、とにかく社長は一〇〇万円の趣旨を説明しない、できない。

これはこういう意味の一〇〇万円か。それを誰も言ってくれなくて、その状態のまま首脳のところへ取材に行ったんです。「あなた、一〇〇万円もらっている。この趣旨を説明してくれ」と言ったら、そのときは「何でおまえ、俺の口座に一〇〇万円入っているのを知っているんだ。どうやって知ったのか言ってみろ」と言うから、「方法は言えないけど、確認した」と。そしたら「俺の個人の口座に一〇〇万円入っているかどうか、第三者のおまえが知るには、銀行しかないだろう」と言われて。

でも私は「情報の入手先は一切言えない」。すると「そしたら俺も取材に答える義務はない」と向こうが言い出した。一〇〇万円入っていることは間違いないし、提供者は道の発注先。でも、誰もその趣旨を説明してくれない。会社側も経営者替わっていて、分からないと言う。書こうかどうかすごく迷って、書きませんでした。書かなかったですね。

書けばよかったなと、後悔もしました。書けば何か展開があったんじゃないか、書けば、きっと首脳は追い込まれて辞職せざるを得なかったんじゃないか、とか。

だから、調査報道の取材を諦めるという理由は、ひと色ではないですね。しかし、共通するのは「詰めが甘い」という自分の判断。「甘い」と思って、その先に進めなくなったら、諦めます。そのハードルは相当、厳しく自分で設定しているつもりです。

あえて言えば、ある意味、「見切り」ができない記者はだめだろうと思っています。「とことんやるぞ」というしつこさは必要ですけれども、いつまでもそれを引きずっていたら、それで人生が終わっちゃうじゃないですか。だから、どこかで見切らなければいけない。そういう意味での、この方向でやるぞとか、やめるぞとか、方針転換するぞとか、そういう決断を自分でちゃんとできないとだめだろうとも思います。

質問——先ほども質問にありましたけれども、「中立」が多分あり得ないな、というのはわかる。けれども、では、客観性、客観報道をどうするのか。

高田——調査報道であれ、ことし高知新聞で力を入れて若い記者にやってもらった戦争の掘り起こしみたいな記事であれ、読んでみるとわかるんですけれども、これらの記事には引用先が明示されている。調査報道の記事もそうなんですけれども、情報源の秘匿と、引用先の明示を区別してちゃんとやることだと思ってます。客観性で重要なのは、実は引用先の明示と同時に、可能な限りは取材源を明示することなんですね。それを明示できないときは、「複数の関係者によると」とか書きますけれど。特に調査報道の場合、記事の筋立てを記事に沿って第三者が検証できるようにしておくこと、そういう書き方をすることが大事なのではないか。そう思っています。

話は飛びますけれども、私は、調査報道だけではなく、これからの報道で一番大事なことのひとつは、取材のプロセスを読者にみせることだと思っています。いままでは、何か神様のように、上の方からニュースがおりてきて、それが客観中立であるかのように書いていた。例えば「政府は何日〇〇〇〇の方針を固めた」という書き方が何となく客観中立であるかのようなイメージとイコールになっていたのではないか。

では、「政府が何日、〇〇〇〇の方針を固めた」という記事について、その取材のプロセスを明らかにすれば、どうなってしまうか。私は東京で少し官邸取材をしたこともあるので、分かるのですが、イメージとしてはこうです。「首相官邸の×××秘書官は、何日夜、首相官邸の番記者五人を集めて、赤坂のイタメシ屋でワインを振る舞いながら、『これこれのやつはもう君らは書いていいよ』と述べた。この会合の会費は一人五〇〇〇円だった」とか。で、「記者は全員、その話を承ったものの、質問はしなかった」とか。それが取材のプロセスじゃないですか。こうやって取材のプロセスを明示していくと、この記事は客観中立というよりも、政府要人の言い分を一方的に伝えている記事だな、ということがみえてしまう。取材はすべて、コミュニケーションの結果なんですね。そのコミュニケーションそのものをみせていく。

身も蓋もないかもしれないですけれども、そのプロセスをきちんと開示して、きちんとみせる、そのプロセスも含めて信頼性を得ることが大事なんじゃないかと思っています。記事の品質が本当に確かなら、取材プロセスも確かなはずです。それを見せることが、客観性の担保じゃないか、と。それなのに現状は、「朝日の看板の下にぶら下がっている記事だから信用しろ」とか、「高知新聞だから信用しろ」とか、そういう感じです。もちろん、その意味でのブランド力はもちろんあるし、もっとブランド力を高めなければいけないんだけれども、取材・報道の構造やプロセスが読者にみえなければ、戦前と同じだと僕は思っているんですよ。「多くのメディアが報道している」から、「多くの権威あるメディアが報道している」から、だからみんな、信用しちゃった。大本営を信用しちゃった。あれは大本営を信用したのではなくて、大本営を報じるメディアのブランドを信用したんだ、と僕は思っているんです。それと同じ構造を現代においても、読者との間で築いていいのか。

では、それに関して何ができるのかといったら、取材のプロセスを極力明らかにする。そのかわり、内部告発的な人は徹底的に守る。

「政府は何日、〇〇〇〇の方針を固めた」という記事はやめて、「菅官房長官は何日夜、官房長官の番記者五人を相手に、『もうおまえら書いていいぞ』と述べた」という形の記事を出す。「書いていいぞ」と官房長官が言った、それがコミュニケーションです。必要なのは、そんな記事だと思う。これだと思う。それを読者がどう受けとめるかですよ。

冗談じゃなくて、僕は本当にそうじゃないかと思っている。

調査報道が比較的価値あるかのように読まれるのは、調査報道の記事では、全てじゃないですけれども、何となく取材のプロセスがみえるんですよ。開示請求をしてこういう資料が出てきたとか、取材のプロセスがみえるじゃないですか。単純に「毎日新聞の取材でわかった」だけではなくて、「読売新聞が何日、これこれの開示請求をして得た資料によると」とか書いてあるんじゃないですか。それはプロセスが少しみえているんですよ。それをもっとみせてやることです。
事件報道でそれをやってみたらどうかと思って、以前、頭の体操をやっていたことがあります。「札幌中央署は何日、××××容疑者を逮捕したと発表した。広報担当の山田太郎副署長によると、逮捕容疑は△△△△△した疑い。でも、北海道新聞は、警察サイド以外にこの事実を裏づける情報は持っていない」。発表どおり書きました、と書いちゃうわけです。だって、それが実際の取材のプロセスだったら、そう書くのが正しい。

あと、本当は「関係者」というのは、内部告発的な人を別にして、基本的にだめだと思います。読者には「関係者」って誰なのか、わからないじゃないです。だから、「関係者」がなぜ匿名を希望しているかをどこかに書いておく。外国のメディアなどはそうじゃないですか。なぜ彼は匿名を希望しているかをちゃんと書く、それが必要だと思うんですね。本文中に書きにくかったら、原稿の末尾の注釈でもいいかもしれない。書ける範囲で、関係者がどういう立場の人かをちゃんと書いていなければいけない。
「関係者」って誰なんだ、というのを突き詰めて表現していないから、取材も甘くなるんですよ。「ああ、じゃあ関係者、にしておきますか」みたいな。そんなことを続けていると、甘い取材が横行し、結果として取材力の劣化は続くだろうと思います。

（日本記者クラブ作成の講演記録を再編集した）

なぜジャーナリズムは絶滅へ向かうのか

――自問自答する「私」から「あなた」へ

大西祐資

「調査報道は瀕死の芸術形式になりつつある」

パナマ文書をめぐる報道で主導的な役割を果たした米国非営利組織「国際調査報道ジャーナリスト連合」(ICIJ)の創設者で、ジャーナリストのチャールズ・ルイス氏はかつて、こう話した。最近、調査報道を試みる記者たちを「絶滅危惧種」と表現する発言や記述も目に付き始めている。

確かに、新聞社が組織を挙げて、調査報道をする環境は厳しくなっている。そのことは、地方新聞社に所属する私自身が身をもって感じている。新聞社をめぐる経営環境の悪化が、取材の最前線から余裕を奪っている側面があるからだ。通信社や放送局も例外ではないだろう。

一方、情報があふれ、誰もが瞬時にそれらを得られる時代だからこそ、隠された事実を掘り起こし、情報を分析して、不正や構造的な問題を提示するジャーナリズムの役割は重要になっている。

レッドデータブックのように、「絶滅危惧種」の現状をきちんと把握することはできていないが、実は、全国各地の「絶滅危惧種」を時々、目にしている。

「調査報道セミナー」という研究会があり、その運営を手伝っている。セミナーの狙いは、新聞社や放送局など所属の垣根を越えて、取材のノウハウを共有し、権力を監視する記者の力を高めることにある。運営は、メディアに関わる有志の手弁当だ。

京都市内で二〇一四年七月に催した「第四回調査報道セミナー」は、八〇人の定員に対し、キャンセル待ちが出るほどだった。参加したのは、北海道から沖縄県まで全国各地の新聞社、通信社、放送局の記者やデスク。ジャーナリスト志望の大学生の姿もあった。立場も、年齢も、実に幅広い。

毎回、優れた調査報道を手掛けた記者らを講師に招き、取材過程をできるだけ明らかにしてもらう。平たく言えば、スクープを放った他社の記者に「どうやって取材したか教えてよ」という厚かましい企画なのだ。二〇一二年春にスタートし、どの回も同じように盛況だ。

遠方から、わざわざ交通費、場合によっては宿泊費まで払ってでも、このセミナーに参加する思いは何だろうか。

「高度な調査報道をするヒントを得たい」「調査報道をやろうとしても、なかなかうまくいかない」「取材技術を社内に持ち帰りたい」…。いろんな動機があるだろうが、権力を監視する「調査報道」が必要不可欠で、自分たちが手掛けなければという意識や危機感を抱いている点は共通している。

そういう意味で、セミナー参加者の多くが、新聞社内や放送局内で懸命に生き残ってきた「絶滅危惧種」のように見える。

「調査報道をやりにくい新聞社の環境」と「高まる調査報道の役割」。この矛盾する問題を克服するにはどうすればいいのだろうか。記者、デスク、編集幹部は何をすればいいのだろうか。自分の体験を中心に考えたい。

最前線の記者へ

最前線にいる現役の記者やジャーナリストを目指す若い人たちが、どのように調査報道を手掛ければいいのか。その答えやヒントは本書のインタビューの中に詰まっている。

全国どこにでもありそうな「議会のお金」を例にしながら、少しだけ付け加えようと思う。

(一)いかに記事にするか

取材を進め、物事の輪郭が分かった段階で、何かしらの壁にぶつかる。常に目指すのは、「違法性を問う」「すぱっと切れるような完璧な調査報道」だが、仮に違法性を問えるかどうかはっきりしないケースであっても、あきらめずに、いかに記事にしていくかを探ることが重要だと思う。記事にすることで、世の中が動き始めるからだ。

不完全な調査報道を一つ紹介する。

「滋賀県議会の自民党系会派が、政務調査費を党の政党活動に使っている疑いがある」

そんな情報を得たのは、滋賀県政を担当していた二〇〇五年ごろだった。政務調査費は、現在の政務活動費で、自治体が議員に対し、報酬とは別に交付する公費。条例で使途基準を定め、県の事務についての調査や議会活動の広報などに充てることができる。

四年間にわたる会派の政務調査費の収支報告書と自民党県連の政治資金収支報告書を入手し、分析を始めた。会派の報告書をみると、二〇〇三年度は政務調査費計五四三〇万円のうち、研修費として八一七万円を計上していた。その中で、会派が自民党県連との共催で、議員や市民向け講座「自民政治大学校」を計九回開いた、と記載されていた。「総選挙を目前にして」「総選挙を振り返って」をテーマに、国会議員が衆院選前後に講演したとの記述もあった。

報告書とにらめっこを続けると、ほかにも、会派は「県連への調査業務委託」として約二〇〇〇万円を支出したと記載しているのに、党県連の収支報告書は会派からの事務委託料を約一〇〇〇万円とするなど、疑問点がいくつも出てきた。

でも、報告書を分析しているだけでは、詳細は分からなかった。

税金を原資とする政務調査費を政党活動に充てることは条例で禁じられている。衆院選前後の国会議員の講演は、少なくとも記事にできるだろうと判断し、会派と党県連に直接、取材することにした。

ところが、双方とも「選挙がテーマの講座は党県連が全額支出しているはず。記載ミス」との説明だった。当時は、政務調査費について、領収書の添付や詳細な報告の義務はなかった。

記載ミスが本当なのか、違法な支出があるのか。取材を重ねたが、いずれも裏付ける材料は得られない。

時間だけが過ぎた。情報提供者からの連絡は「取材はどうなっているの？」から、やがて「おたくに持ち込んで失敗だった」と半ば抗議に変わっていた。

結局、ストレートニュースはあきらめ、取材経過も含めて「政務調査費　支出の正当性チェックできず」というリポートにまとめた。当時、全国市民オンブズマン連絡会議の調査で、滋賀県議会の政務調査費の情報公開度は全国四位だったのに、こんな程度だと指摘した。掲載面は地方版。不本意な報道だった。

ところが、事態は動きだす。

記事をきっかけに、地元のオンブズマンが監査請求し、県監査委員が調べ始めた。自民党系会派から領収書や会計帳簿を出させた結果、会派の県議が靖国神社を参拝した際の玉ぐし料や慶弔餞別費、政党関連資料の印刷費に政務調査費を充てていたことが明らかになった。単年度収支のルールに反し、会計年度をまたいで書籍購入や研修視察に流用していたことも分かった。総選挙をテーマとした国会議員の講演については、監査委員が「政治活動・選挙活動に極めて近い」として不適切な支出と指摘した。

最終的には、会派から三一三万円が県に返還された。さらに、条例が改正されて政務調査費の支出に領収書の添付が義務付けられた。

不思議な現象も起きた。

年度内に使わなかった政務調査費は返還しなければならない。ところが、領収書の添付が義務づけられた途端、県議会全体の返還額は前年度の四倍以上の一九〇〇万円に上った。いかに使い方がルーズであったかの一端が明らかになった。

自分たちの取材によって、監査委員が調べた事実までを明らかにするのが、「完璧な調査報道」だ。ただ、全てをつまびらかにし、違法性を根拠に記事にできるケースは決して多くない。むしろ、明確な違法性が見つからない時に、どうするのか、記者の判断が問われる。

違法性を明確に立証できなくても、少なくとも権力側にいる人たちに説明を求めるべきだと考えるなら、むしろ積極的に書いた方がいい。記者には、幅広く事実を伝える責務があるからだ。

(二) ルーティンの中にあるヒント

「調査報道のような仕事をしたいけれど、ルーティンワークが忙しくて時間が割けない」。そんな声を時々、聞く。確かに、記者の仕事は忙しいけれど、司法、警察、行政、教育など記者クラブに所属して取材活動を続ける記者にとっては、そのルーティンワークこそが、調査報道の手掛かりを得るチャンスだと考えた方がいい。

基礎的な調査報道を一つ紹介する。

「京都府議会の会派運営費について、支出内容の分かる領収書や振込明細書が山のように地裁に提出されました」

こんな話を司法担当記者から聞いたのは、事件デスクだった二〇〇九年秋である。行政を監視するNPO法人が会派運営費の返還を求めた訴訟の中で、裁判官が府議会の各会派に対し、使途がはっきりと分かる資料を提出するよう求め、各会派が応じたのだという。会派運営費は、府議会の円滑な会派運営に必要な経費として府が交付する独自の補助金。調査研究や議会活動の広報などに充てる政務調査費とは別に、当時は議員一人当たり月七万円が交付されていた。

「興味があるのなら、領収書を全部もらってきたらどうか。書くかどうかは中身次第」。そんなふうに司法担当記者に話すと、しばらくして領収書をどこからか手に入れてきた。段ボール二つ分もあった。

その記者と一緒に資料を一枚一枚、分析する日々が始まった。どの業者に対し、各会派がいくら支払ったのかを調べては、エクセル（Excel）の表にまとめていった。酒店やスーパーなど明らかに支払い先が分かるものばかりではなかった。インターネットや電話帳などで支払い先の名前などを調べ、時には直接訪ねて、会派の支払い先がどんな業者なのかを割り出した。

膨大な領収書類の分析作業は、事件、事故への対応や出稿など忙しい日常の合間を縫って進めた。手間のかかる単純作業。全てを分析して集計するのに三週間ほどかかっただろうか。これまでどんなふうに使われていたか分からなかった会派運営費の使途の一端が少しずつ明らかになっていく。わくわくした。自分たちの手で調べることがいかに楽しい作業で、記者の原点であるかをあらためて感じた。

領収書と金融機関の振込明細書は、実態を雄弁に語っていた。

自民党府議団は二〇〇六年度までの五年間に、飲食費に総額一〇〇〇万円余りを充てていた。会議や意見交換会名目で、一一回にわたり祇園のスナックや料亭など七店に大半を支出したほか、コンパニオン派遣業者に九回にわたり約七〇万円を支払っていた。一一回のうち九回は、料亭などから二次会のスナック、クラブに流れ、大半が一日で一〇〇万円を超える飲食だった。首をかしげる領収書は、ほかにもあった。

例えば……。

「13：02　BEER　650　2」。東京都内のホテルにあるレストランの領収書には、こんな数字と英字が並んでいた。会計時間が午後一時二分。ランチとともに、一杯六五〇円のビールを二杯注文していたことにほかならない。

「マイルドセブンEX　¥270」。これは駅売店の領収書。同様に駅売店で、たばこやスポーツ新聞、雑誌を購入した領収書が多数あった。

「¥36,600　ビール券50枚」。誰に渡したかは分からなかったが、同じような領収書が四枚出てきた。

「¥1,760,000　80円切手　2万2千枚」。大量の切手購入の日付を見ると、前年度の会派運営費を充てていた。年度内に使わなかった会派運営費は政務調査費と同じように返還しなければならない、というルールに違反している可能性があった。

これらは全て税金だ。記事は、会派運営費の使途の実態を伝えるだけでなく、なぜ正式な監査を素通りしたのかを含めてまとめた。

このケースでは、司法担当記者が、法廷に足を運ぶという日常の基本動作の中でヒントを得ている。同じ法廷に入っていても、ピンとこない記者もいただろう。行政訴訟は提訴と判決段階しか報じないことも多い。その固定観念や前例踏襲に縛られていると、重大な端緒を逃すことがある。

何を取材して何を書くのかは、一義的には記者の選択と責任に委ねられている。記者の面白さは、新聞社という組織内にあっても、ある程度の自由が存在する点にある。自分の経験から して、重大な事件や事故を除き、デスクがこれを取材しなさい、あれを書きなさいと指示するケースはそれほど多くはあるまい。取材テーマの選択こそが記者の着眼点であり、発想であり、記者の個性の豊かさが、紙面の豊かさにつながるのだ。

「ルーティンワークが忙しくて時間が割けない」という考えは、記者としての仕事を自分で狭めていないだろうか。

目を凝らせば、日常業務の中にヒントはきっとある。

本書に登場いただいた計八人にインタビューする中で気付いたのは、多くの記者が支局時代から情報公開制度を駆使したり、証言を積み上げたりして、調査報道の成果を積み重ねていることだった。その延長線上に調査報道型の大きなスクープがある。スクープはとても魅力的で、世の中を大きく動かす力を持つ。同時に、仮に紙面上で大きな扱いにならなかったとしても、調査報道を連続することが大事だ。

もし、全国各地にいる一人でも多くの記者が、小さくとも調査報道の成果を積み上げていくことができたなら、不正に使われた税金は戻り、制度の矛盾点や理不尽さをいくつも浮き彫りにすることができる。

そうすれば、きっと世の中は、よりよくなる。

短命だった専門組織

調査報道をする専門組織を新聞社が設置する動きは、全国紙、地方紙を問わず、二〇〇六年以降に活発化した。朝日新聞が同年四月に、社会、政治、経済など各部出身の記者でつくる「特別報道チーム」を設けて以降の流れだ。

『新聞協会報』（二〇一二年一月一日付）によると、例えば、琉球新報は〇七年ごろ、事案に応じて専従のプロジェクトチームを置く方針を取った。毎日新聞は一一年四月、共同通信への再加盟をきっかけに「脱発表ジャーナリズム」を打ちだし、特別報道グループを編集編成局長直轄の取材チームとして発足した。

その後、朝日新聞の「特別報道チーム」は二〇一一年一〇月に特別報道部になった。福島第一原発事故をテーマにした連載「プロメテウスの罠」、原発周辺の除染現場で作業員が汚染された草や水を回収せずに棄てている実態を暴いた「手抜き除染のスクープ」で、新聞協会賞を二年連続で受賞するなど、実績を積み上げた。

同社は二〇一四年に原発事故に関する「吉田調書」のスクープを「誤報」として取り消した。一連の不祥事を受けてまとめた「信頼回復と再生のための行動計画」で、調査報道を進めると宣言した。ただ、その後の組織改編などの影響で、特別報道部の一時の勢いは失われつつあるようにみえる。

毎日新聞の特別報道グループは、身元が分からないまま家族と離れ離れになっている認知症高齢者の存在を浮き彫りにした「老いてさまよう」の一連の報道で新聞協会賞と菊池寛賞を受賞した。本書に登場する日野行介氏らは「復興庁幹部による暴言ツイッター」や「県民健康管理調査で秘密会」なども特報している。

全国紙の中には、調査報道の専門組織以外の新しい動きが出てきた。

読売新聞は二〇一四年一二月、編集局内に「適正報道委員会」を設置した。背景には、人工多能性幹細胞（iPS細胞）の臨床応用をめぐる誤報などの反省があった。掲載前に、調査報道や独自だねの記事の内容や裏付けが妥当かどうかを複数のベテラン記者が審査する組織だ。

この適正報道委員会の関門をくぐり抜けたのが、二〇一五年度の新聞協会賞を受賞した読売新聞東京本社の「群馬大学病院での腹腔鏡手術をめぐる一連の特報」だ。一報は二〇一四年一一月一四日付朝刊一面。高難度の肝臓手術で三年半の間に八人の患者が死亡した事実を報じた。「厳しい確認作業が始まって一〇日目の一一月一四日、ようやく初報を出すことができた」と取材班代表が『新聞研究』(二〇一五年一〇月)で振り返っている。

地方紙はどうだろうか。

私が所属する京都新聞は二〇〇七年一〇月、社会報道部内に調査報道班を設けた。いわゆる遊軍とは別組織だった。権力を監視する視点から独自のニュースを発掘するとともに、共同通信の配信を含め、ニュースが枯渇する土曜、日曜にしっかりとした記事を送りだす狙いだった。スタッフは、三人。編集委員だった私と、中堅の記者二人。フリーな立場で取材できるのは、非常に恵まれた環境だった。

最初のミーティングでは、「数カ月間取材したけど、何も書けないという事態は避けよう。短期、中期、長期の目標を設定して取材に当たろう」と話した。

短期の目標は、比較的手間を掛けずに必ず書ける記事を想定した。医療や環境問題など、その時々にタイムリーなテーマで自治体などを対象にアンケートをし、問題点をまとめる手法を選んだ。新設の調査報道班が「沈黙」すれば、強まるであろう社内の風当たりを避けたかった。

一方、中期、長期の目標は、隠された事実を発掘する取材と位置付けた。難易度によって

「中期」「長期」と分類し、結果的に書けないことも視野に入れていた。

ささやかながら、いくつか成果も上がった。

例えば――。

二〇〇八年四月六日の紙面では、京都市長選の告示前に、市教育長を辞任して立候補を表明していた前教育長（後に当選）のインタビューを掲載した書籍を、市教育委員会が公費で購入し、配布していたことを報じた。書籍のタイトルは「教育再生への挑戦――市民の共汗《きょうかん》で進める京都市の軌跡」。副題のキーワードである「共汗」は前教育長が選挙中にたびたび訴え、マニフェスト（公約集）にも記していた。

インタビューは実際には行われず、市教委幹部がインタビュー記事を執筆し、前教育長が目を通した後に収録していたことも後に判明する。

ほかにもある。

京都市立小学校の校長や教頭らが昇任、転任時に、ミニコミ紙を発行する会社を訪れ、「嫌なことを書かれたくない」などとの理由で現金を渡すことが慣例となっていること、日本語学校がアジア各地の留学希望者から学費を受け取りながら、実際には入国できず、ラオスの警察が詐欺事件として捜査を始めたことなども、調査報道班が取材を手掛け、紙面を飾った。

どの記事も反響は大きかった。

しかし、調査報道班は一年半でなくなった。「理想」と「現実」のギャップ。それが影響し、短命に終わったと考えている。ホームラン級の調査報道を打てなかったことが一因かもしれない。

大きな背景としては、二、三人の記者を組織としてフリーにしておく余裕がなかった点を挙げることができる。多くの新聞社が抱える共通の悩みだ。新聞を読まない人が増える「無読化現象」と人口減少に伴って購読部数が減るとともに、広告がデジタル媒体にシフトしている。新聞社の経営は厳しい。記者やデスクが減る中、従来通りに警察や行政、教育、大学など記者クラブごとに記者を配置するとなると、自由に取材できる記者はどうしても持てなくなる。

当時は、そんなふうに考えていた。

今は、別のことを思う。

記者数の余裕のあるなしの延長線上に、調査報道班を存続させるかどうかを位置付けることが最善だったのか。

編集局ではその後、「調査報道の理念」を伝える試みがあった。

編集部門に所属する者は、「報道の基準集」という冊子を持っている。ニュースの価値を判断し、見出しをつける内勤の「整理記者」も、ノートとペンを手に取材に走り回る「外勤記者」もだ。

基準集は、はがきをひと回り大きくしたサイズで、一〇〇ページほど。「表記編」「基準編」「資料編」で構成され、事件、事故を伝える意味や記事の基本スタイルをはじめ、編集の基本方針や記者行動規範などをまとめている。
これを改訂した際、「調査報道」の項目が加わった。次のように意義が記されている。

「調査報道は、新聞にとって最も重要な分野の一つである。その目的は、政治、経済、社会の構造的な不正や問題点、不条理などを浮かび上がらせることにある。警察を含む多くの官公庁が自ら情報を発信し、誰もがキーボードをたたけば瞬時に情報を得られる時代を迎え、新聞はこれまで以上に、調査報道を通じて、優れた一次情報を提供し、誰もが知り得る情報を鋭く分析して提示することが求められている」

問われる編集幹部の覚悟

「日本の大手報道機関には、残念ながら、調査報道の伝統がほとんど根づかなかった。その原因を記者個人の熱意や努力の問題のみに求めていれば、いくら重要性を声高に叫んでも、この先、調査報道が大きく発展することはないように感じている」

著書「権力vs.調査報道」で高田昌幸氏(現高知新聞)はコラム「権力監視の深層　取材現場をくぐり抜けて」をこう結び、報道機関として調査報道に取り組む本気度を問うている。
自戒を込めて言うならば、それはまさしく、報道機関で編集を担うデスクや編集幹部一人ひとりの覚悟が問われていることにほかならない。

私はまず、二つの変化を強く認識する必要があると思っている。

一つは「ニュース価値の変化」だ。

紙の新聞は朝刊、夕刊と半日ごとに新しいニュースや話題を届けるメディアである。インターネットがない時代、行政や警察、企業は自ら短い時間内で不特定多数の人に情報を伝える手段がなかった。まちづくりの施策や防犯、新商品PRなど伝えたい情報を記者クラブで発表し、新聞を通じて市民に届けた。朝夕に自宅に届く新聞は市民にとっても、社会の動きを知る有効な手だてだった。新聞は半日ごとに公的機関や組織と読者をつなぐ重要な役割を担っていた。

今は違う。

一個人ですらフェイスブックやツイッターで二四時間いつでも発信できる時代になった。行政、警察、企業は、記者クラブでの発表とほぼ同時にホームページに「広報資料」「新着情報」「報道発表」として同じ情報をアップする。市民もそれにアクセスする手段を持っており、新聞を通さなくても十分に知ることができる。

これまで当たり前のように「ニュース」と捉えていた記者クラブ経由のニュースは、その広報を無批判にそのまま伝える限り、ニュースとしての価値は低下の一途をたどっている。

もう一つは「取材環境の変化」だ。

記者クラブに所属する記者は、日々発表される多数の広報を前に疲弊している。世は広報の時代。行政や警察、企業から毎日、山のように広報資料が発表されている。

今、勤務する支社のファクスは、時にペーパーモンスターと化し、矢継ぎ早に広報資料をはき出す。メールも気付かないうちに未読が積み上がる。記者たちはそれらの情報を前に、記事にするかどうかを判断するため、担当部署に問い合わせることなどに多くの時間を費やさざるを得ない。

ニュース価値が低くなった広報の処理に、貴重な戦力である記者を優先的に向き合わせている構図がある。この構図から抜け出さない限り、調査報道をはじめ、自ら調べて書くという記者として当然の仕事はなかなかできない。

なぜ、この悪しき構図が大きな顔をしているのか。

根底には、「効率主義」が潜んでいる。

広報された情報は、ベルトコンベア式に流れて紙面になる。

広報発表→記者クラブ加盟記者が取材・執筆→担当デスクがチェック→行政、経済など各紙面へ振り分け→整理記者が見出し・レイアウト

取材から新聞製作まで一連の流れができあがっていて、新聞社にとっては楽に情報を処理で

きる仕組みになっているのだ。横書き形式の行政広報を、新聞に合わせて縦書きにすることを、新聞社では、「横を縦にした記事」という。簡単な取材で作れる「記事」は紙面全体では決して少なくない。広報が、日々の紙面を埋めるのに役立ってしまっているのだ。

この「効率主義」が進むと、読者の視点や公益性という新聞の役割が抜け落ちる。新聞以外のメディアが発達し、多くの市民が新聞を通さなくても多くの情報にアクセスできる現代において、報道の果たすべき役割は何なのか。少なくとも、ベルトコンベア式に情報を伝達することではない。

取材現場の余裕はどうであれ、調査報道に取り組んでこそ、新聞は必要とされる存在となり、生き残ることができるのではないか。調査報道を単に取材上の「技法」と捉えるより、新聞社や記者が大切にすべき職業上の「指針」と位置付けた方がいい。

「広報をそのまま記事にするのは認めない」

「あくまでも広報は端緒の一つに位置付け、取材を進めよう」

記者でも、キャップでも、デスクでも、誰かが言い出せば、物事や出来事の背景を「読み解く」記事にシフトできる。その環境をつくることが、権力を監視する調査報道へアクセルを踏むきっかけの一つになる。

新聞社として、調査報道の必要性が高くなっていることを確認し、目に見える組織を設けることが実践的だと考える。

気になる現象が、身の回りで起きている。「記者の流動化」だ。

日本では、定年まで入社した新聞社で働くことが当たり前だった。しかし、近年、米国のように、別の新聞社へ転職する記者が出てきている。給与や経営安定度などを勘案したり、不本意な異動に納得できなかったりしての転職もある。

ステップアップという形で「本格的な調査報道をやりたい」と言って、調査報道に熱心なメディアに、地方紙や全国紙から転職するケースもある。私自身、「今の新聞社の態勢では調査報道ができない」と記者から転職の相談も受けてきた。

「権力を監視する」「自ら調べて書く」というジャーナリズムの基本から遠ざかれば遠ざかるほど、その新聞は魅力を失い、読者だけでなく、優秀で個性的な記者を手放すことになる。

史上最強のジャーナリスト組織を前に

二〇一六年四月、調査報道の新しいモデルが提示された。

中米パナマの法律事務所「モサック・フォンセカ」から流出した内部文書「パナマ文書」に基づき、租税回避地（タックスヘイブン）における各国首脳や著名人の資金取引の実態を取材し、世界で一斉に報道された。七五カ国以上の一〇〇の報道機関と四〇〇人の記者が参加したプロジェクトによる連携報道は、前例がない。

パソコンはなくタイプライターで原稿を打ち、スマホではなくダイヤル式電話だった一九七〇年代初頭。ニクソン米大統領を辞任に追い込んだ「ウォーターゲート事件」の調査報道とは全く異なる取材過程を見ることができる。

(一)情報源と記者の接し方

「ワシントン・ポスト」のボブ・ウッドワード記者とカール・バーンスタイン記者がウォーターゲート事件取材の舞台裏を描いた著書『大統領の陰謀　ニクソンを追いつめた300日』(文春文庫)には、印象に残るシーンがある。

ウッドワード記者が「ディープ・スロート」(秘密の情報源)に会いたい場合、自宅アパートのベランダから植木鉢を奥へ移した。それを見た「ディープ・スロート」は午前二時、いつもの地下駐車場にやって来る。逆に、「ディープ・スロート」が会いたい場合、ウッドワード記者のアパートには、細工された「ニューヨーク・タイムズ」が届く。二〇ページの欄外にある「20」というナンバーは丸で囲まれ、そのページの下に密会時刻が時計の文字盤のように矢印で示されているのだ。

情報源を守るため、ウッドワード記者は安易に電話を使わない。盗聴される恐れがあるからだ。密会場所に向かう際にも、尾行を避けるため、タクシーを乗り換え、遠回りした。

一方、パナマ文書報道における取材の内幕を記した『パナマ文書』(KADOKAWA)によると、報道の発端は、匿名の人物がメールを使って南ドイツ新聞で調査報道を担うバスティアン・オーバーマイヤー記者に接触してきたことだった。この人物は膨大な文書の提供方法について、自らの命の危険性に触れた上で条件を出す。

「我々の通信は暗号化して行おう。会うことはしない。最終的に何を公表するかはそちらが決めることだ」

直後に、記者は暗号通信に必要なアカウント情報を送り、ファイルの受け渡し方法を決める。するとサンプルが送信されてきた。インターネットという匿名性が守られる空間を通しての連絡。記者と匿名の人物は、匿名で暗号化されたさまざまなチャットを利用してやりとりを重ねた。以降、膨大なデータは順に送られ、最終的には二・六テラバイトに達した。

(二)情報の分析と記者同士のやりとり

南ドイツ新聞は、米国非営利組織「国際調査報道ジャーナリスト連合」(ＩＣＩＪ)に協力を求めた。独自に内部文書の分析を進める中で、ドイツだけでなく、世界各国にまたがる問題であり、それぞれの国の事情に精通する記者が分析した方が有益だ、と判断したからだ。自社のみの特だねより、国際協力による調査報道の道を積極的に選択した。

ＩＣＩＪにはこれより前、銀行などの内部文書を大量に入手、報道したことがあり、その取材に南ドイツ新聞の記者が参加した経験もあった。

ＩＣＩＪは、内部文書を検索できるデータベースを構築した。これによって調査は加速した。内部文書はメールや旅券、法人登記、契約書など膨大で、ごみ屋敷のように散らかっていたが、このデータベースによって世界各国の記者が事細かく内部情報をチェックできるようになった。

取材先が国境を越えるような調査報道は、互いの取材情報を共有して分析し、共通の目的意識を持ってニュースを掘り下げていくことが重要だ。「ウォーターゲート事件」と「パナマ文書」取材では、記者同士のやりとりも随分と違う。

ウッドワード記者の著書『ディープ・スロート　大統領を葬った男』(文藝春秋)の中で、相棒だったバーンスタイン記者は振り返っている。

「ウッドワードと私は編集局の外の自動販売機スペースで、コーヒーを飲みながら打ち合わせをした。それがわれわれの戦略会議だった。ふたりきりで、ものすごくまずいコーヒーを飲んだ。記事ごとに自分たちの置かれている立場を再検討し、その日に編集幹部にどういうプレゼンテーションを行なうかを話し合った」

基本的には、二人の記者が関係者の証言を積み上げ、その情報を分析して、事件の背後に迫っていった。

パナマ文書報道では、プロジェクトに参加した記者は世界各国にいながら、フェイスブックのような専用サイトでアイデアや情報、原稿を日々交換してきた。日本分について分析したイタリア人ジャーナリスト二人をはじめ、朝日新聞、共同通信の記者は、米国、イタリア、日本にいながら、インターネット電話「スカイプ」を使って、毎週月曜の決まった時間帯に会議を開き、情報交換をしていた。

(三)記者、スタッフの倫理観

ウォーターゲート事件から三〇年余りが過ぎた時点で、ウッドワード記者は『ディープ・スロート　大統領を葬った男』の中で、「《ポスト》のわれわれもディープ・スロート問題を抱え込んでいた」とした上で、ホワイトハウスがワシントン・ポストに情報を流している「ディープ・スロート」が誰であるかをほぼ確実につかんでいた、との見解を示している。ワシントン・ポストに勤務する法律関係者が、情報源を政権サイドに流していた可能性に言及した。

パナマ文書報道は、多数の記者たちのジャーナリストとしての高い倫理観によって成り立ったと言える。

ＩＣＩＪは、調査報道を進めるに当たって、記者たちとの間で約束事を決めている。それは▽この調査報道以外に情報は使わない▽情報元である法律事務所「モサック・フォンセカ」には勝手に取材しない——など基本的な内容だったようだ。

共同通信の配信によると、南ドイツ新聞記者に匿名の情報源が接触してきたのは、二〇一四年末。世界で一斉に報道されるまでの約一年余りの間、四〇〇人もの記者に加え、多くのスタッフが関わりながら、どこからも情報が漏れることなく、プロジェクトは結実した。

パナマ文書の調査報道は、ＩＣＩＪの存在なくしてはあり得ない。創設したのは、ＣＢＳテレビの看板番組「60 Minutes」元プロデューサーのチャールズ・ルイス氏だった。経歴をたどると、ルイス氏はウォーターゲート事件の調査報道の流れをくむジャーナリストの一人ということができる。

ルイス氏は、ＣＢＳテレビに転籍する前にいたＡＢＣテレビのワシントン支局で、ウォーターゲート事件を調査報道したワシントン・ポスト元記者のバーンスタイン氏から調査報道の手ほどきを受けている。当時、上司である支局長だったのだ。

メディアが調査報道を担うことが経営的にも人員的にも難しくなっていることに、ルイス氏は早くから危機感を抱いていた。それを打開するため、犯罪や汚職など国境を越える不正を監視することを目指したのが、各国のジャーナリストによるネットワークなのだ。

なぜ非営利組織による調査報道を目指したのか。

非営利ジャーナリズムを目指すＮＰＯ法人「iAsia（アイ・アジア）」の立岩陽一郎氏が南山大学アジア・太平洋研究センター報に寄せた論文「米国ジャーナリズムの新たな潮流：非営利化する調査報道」（二〇一三年六月）に詳しいので、引用する。

一九八八年、ルイスはCBSテレビを辞める。この経緯については、ルイスは特に個別の事象に原因があったわけではないとしている。一方でルイスは、「ある企業の不祥事を取材している時、CBSの幹部から『取材をするのはかまわないが、社名は出さないでくれ』と頼まれた。取材をするなとまでは言われなかったが、こういう話に実はうんざりしていた。そして結局、プロデューサーである私の判断で社名を出して放送した。その後その幹部が、『何で社名を出したんだ。あれだけ出すなと言っただろ』とクレームに来た。そういうものが重なって嫌になってきた。これでは調査報道はできない。そう考えてCBSを辞めることにした」と話し、商業的なマスメディアでは調査報道を行うことに制約が多いと感じていたことを隠さない。(中略)

CBSを辞めたルイスは新聞社や他のテレビ局に行くことは考えず友人のジャーナリストらと新たなジャーナリズムのモデルが作れないか議論を続けた。当時についてルイスは「(中略)商業主義からの決別とはどういうことなのか、それは具体的にどうやったら可能なのかを議論する毎日だった」という。

ルイスが最終的にたどり着いた案は、自ら団体を組織して調査報道を行うというものだった。その団体の運営方式はnonprofit(非営利)という形態で、商業的な世界から離れることで自由に調査報道を行うことを目指したのである。

つまり営利を目的とせず公共の利益の為に活動し、その財源を広く人々からの寄付に求めるというものである。

ルイス氏の既存メディアに対する見切りと、それでも調査報道をあきらめないという強い思い、さらにルイス氏に対する世界各国のジャーナリストの共鳴が、新時代の調査報道のかたちを生んだと言える。

ＩＣＩＪが掲げる理想と、それを支える技術力。そして、パナマ文書報道をはじめとした数々の調査報道の成果と世の中に対する影響力…。史上最強と呼ばれる調査報道集団を前に、私の胸中では強い刺激とともに、羨望やたじろぎ、焦り、諦観など複雑に感情が入り乱れる。ただ、ひるんでいるわけにはいかない。

パナマ文書のうち日本分の分析に携わったイタリア人ジャーナリストのアレッシア・チェラントラさんの言葉は、そうした調査報道がはるか遠くにあってもわれわれの今の仕事とつながっている、と思わせてくれる。

アレッシアさんは言う。

「調査報道は毎日の仕事だ」と。調査報道は何も特別な取材ではなく、常に調査報道のテクニックを使って取材をしなければいけないとの指摘だ。さらに「日本人ジャーナリストの日本人を外せば、ただのジャーナリストになる」とも言う。イタリア人か日本人か、新聞社に所属しているかフリーランスか、全国紙か地方紙かなどに意味はなく、権力を監視するというジャーナリストの役割を最優先することが大切だ、と彼女は考えていた。

調査報道の専門組織に所属する記者も、記者クラブで広報をさばくのに追われている記者も、社会部にいる記者も、支局にいる記者も。記者であっても、デスクであっても。それぞれが置かれた環境から第一歩を始めるしかない。

「誰もが情報発信できる時代、情報があふれる時代にあって、単純に情報を伝達するだけの新聞では、読まれない。私には『新聞が消えてなくなる』という危機感がある」

二〇一三年二月の第三回調査報道セミナー。

講師を引き受けた私は、そう話した。その上で、「調査報道がやりにくい新聞社の環境」と「高まる調査報道の役割」という矛盾する問題をどう克服するのかについては、「志のある記者を増やすしかない」と訴えた。

あれから、三年半余り。記者に志があっても調査報道をする環境はさらに厳しくなっている。

それでも、と思う。

記者やデスク、編集幹部である「あなた」や「私」の志がなければ、調査報道のスタートラインにすら立てず、何も始まらない。

［主な参考・引用文献］

世界（二〇一六年八月）「調査報道がジャーナリズムを変革する　チャールズ・ルイス／国谷裕子」

新聞協会報（二〇一二年一月一日付）「調査報道の活性化は」

新聞協会報（二〇一五年六月二日付）「紙面審査全国懇　担当者らが意見交換」
新聞研究（二〇一五年一〇月）「医療事故報道をあきらめない」
「権力vs.調査報道」（旬報社）
「大統領の陰謀　ニクソンを追いつめた300日」（文春文庫）
「パナマ文書」（KADOKAWA）
「ディープ・スロート　大統領を葬った男」（文藝春秋）
立岩陽一郎論文「米国ジャーナリズムの新たな潮流：非営利化する調査報道」

インタビューを終えて

松島佳子

二〇一一年一一月。

私は、発刊されたばかりの「権力vs.調査報道」（旬報社）を手にしていた。

当時、記者七年目。検察や裁判を取材する司法担当として横浜市や川崎市などを回っていた。調査報道に特段の関心があったわけではない。むしろ「調査報道って何？」というレベルだった。

この年の三月、東京電力福島第一原発事故が起きた。

福島から約三〇〇キロ離れた神奈川にも、原発事故で屋外退避を命じられた被災者が次々と避難してきた。原発が爆発し、故郷への帰還は絶望的であると知った被災者たち。その人々の取材を手掛けながら、私は彼ら彼女らに掛ける言葉が見つからない。

原発事故の後、取材活動に迷いが生じるようになってきた。

「何を、どう報じるのか」

取材の現場では日々、対象を選択する。そして実際に取材し、記事を書く。これまでのその価値判断が果たして正しいのかどうか。正直言って、分からなくなっていた。

突き詰めれば、それは「記者とはどうあるべきか」「記者の仕事とは何か」という青臭く、しかし、根本的な問いにつながってもいった。

「権力vs.調査報道」を手にしたのは、ちょうどそんな時期である。

同著の帯には、こんな文字が並んでいた。

「日本を揺るがしたあのスクープはどのようにうまれたのか」
「新聞記者たちの地道な取材が『権力の壁』を打ち破る！」
「スクープの舞台裏を語る迫真の証言集」

華々しいキャッチフレーズには、自らを奮い立たせてくれる「何か」が隠されているかもしれないと、ひそかに期待もした。

しかし、違った。読み始めて、すぐに「期待」は裏切られた。

五ページ目。「まえがき」の一節には、こう書かれていた。

「調査報道とは何か。権力監視型の調査報道とは何か。これらの問いに答えることは非常に難しいが、取材者の立場からすれば、調査報道とはまさに、前述のような、取材の積み重ねによってなりたっている。それぞれの取材は地味で、地道で、派手なところなどほとんどない。回り道や無駄骨の連続である。」

頭をガツンとされた気分だった。

スクープや特ダネの「舞台裏」は、華々しい世界でも何でもない。日々の取材がすべて。そんな当たり前のことすら、実は自分は気付いていなかったのかもしれない。

同著には、「リクルート報道」「日米地位協定関連文書をめぐる報道」「高知県庁の闇融資問題の報道」「大阪地検特捜部検事による証拠改ざん報道」の四つを対象に、報道を担った記者の長いインタビューが収録されている。

いずれも著名な調査報道でありながら、かいつまんで言えば、それらを担った記者たちは「特別なことなど何一つしていないんだよ」と語っている。

例えば、戦後最大の汚職事件と言われた「リクルート事件」の報道も、日々の取材活動から生まれていた。

戦後長く続いた自民党政権にいったんは終止符を打つきっかけになったこの事件は、朝日新聞のスクープ報道により発覚する。その後、東京地検特捜部がリクルート本社を家宅捜索して「刑事事件」になった。

ところが、当初は神奈川県警が内偵捜査していたのである。県警は「未公開株がわいろに該当するかしないか」を検討。その結果、「わいろに該当しない」との結論を導くなどして、立件できないまま捜査を終えていた。

それが何を意味するか。同著はこう記している。

「日本の報道機関のそれまでの常識に立てば、取材もその時点で終了するはずだった。日本の事件報道は、県警・検察の捜査動向を追い、その動きを記事にすることが習わしだったからである」

では、なぜ朝日新聞は「スクープ報道」を生み出すことができたのだろうか。

一連の報道は、朝日新聞の横浜・川崎両支局の記者が中心になって切り開いた。当時、横浜支局の担当デスクだった山本博氏(故人)は、同著のインタビューでこう話している。

「ジャーナリズムは公権力を監視しなければいけない。その結果を読者・国民に伝えなければいけない。そういう使命・義務がある。(中略)リクルート報道までの約一〇年間、毎年のように行ってきた調査報道の経験・体験の積み重ねが、私をして『神奈川県警の捜査は潰れたけれども、これは何としても読者・国民の前に明らかにしなければいけない』という思いにさせた」

山本氏に引っ張られるような形で取材チームは、次々と事実を掘り起こした。元首相の中曽根康弘氏はじめ、竹下登、宮澤喜一、安倍晋太郎の各氏ら大物政治家の関与を次々と報道。当時の竹下登政権を崩壊へと追い込んでいく。

私には取材チームの陣容も衝撃だった。

中核を担ったのは、入社二年から六年目の若い記者たちばかりだ。第一報を出稿したその夜には、横浜支局の入社二年目の記者が自民党の有力政治家だった森喜朗氏を取材するため、同氏の自宅に足を運んでいる。

駆け出し同然の記者が、臆することもなく、大物政治家に切り込んでいく。それを想像しただけで心が震えた。同時に、地道な取材を重ねる記者たちに大きな刺激を受けた。


あれから五年。「権力vs.調査報道」の第二弾が発刊されるにあたり、聞き手の一人として参加させてもらった。

インタビューに登場する記者八人の中には、取材現場で一緒になった方もいる。そうであっても、ふだんは他社の記者から取材プロセスを聞く機会はそうそうあるものではない。


この五年間は「激動」の時期だったと思う。

東京電力福島第一原発事故、安全保障関連法の成立。この二つの大きな出来事だけでも「戦後日本の転換点」と言えた。

社会の変遷と同時に、メディアの形も変化した。

二〇一六年四月、世界的な所得隠しの実態を暴いた「パナマ文書」の報道は、その象徴と言えるだろう。

この報道には、約八〇カ国から約四〇〇〇人のジャーナリストが参加。国境や企業の枠を超え、記者らが連携する報道は、新しいジャーナリズムの形を示した。

一連の報道で日本企業などの取材を担当したイタリア人のフリージャーナリスト、アレッシア・チェラントラさん(三五)とは、都心のホテルのラウンジで向き合った。

低いテーブルを前にゆったりと腰掛けた彼女は、こんな言葉を残している。

「ジャーナリズムの世界は変わってきたと思います。独占的なスクープはもはや、あまり意味を持たない。私は国境なしのジャーナリズムを考えています。犯罪が国際的になっているんだから、ジャーナリズムも国際的にならないといけない。一番大事なことは、国境、会社を越えて記者がつながることです。記者が連携すれば、より良い記事、よりインパクトのある記事を発信できる」

競争ではなく協力。

独占ではなく共有。

記者同士の連携は、記者を成長させることにつながる――。

アレッシアさんの言葉は、五年前とは異なる衝撃だった。メディアの新しい可能性。それを感じ、興奮もした。彼女は筆者と同年代。だからこそ、その言葉には背筋が伸びる思いもした。

イタリアでジャーナリストになるためには、国家試験に合格しなければならないという。たとえ、ジャーナリストになれたとしても、地位が保証されているわけではない。記事一本に対する報酬が「一ユーロ」というケースもあると聞いた。

翻って、いまの自分はどうか。

「神奈川新聞の記者」というだけで、書いた記事は紙面に載る。読者が「大した価値もない記事だ」と思ったとしても、それによって自分の待遇が急変するわけではない。

アレッシアさんは、こうも言った。

「記者に国籍は関係ありません。日本人ジャーナリストの『日本人』を外せば、ただのジャーナリストになる。そのことが分かったら、さらにステップアップすると思います」

自分の記者としての気概や矜持は、どこにあるのか。そもそもそれを自らは持ち合わせているのか。

本書に登場する多くの方にインタビューを続けながら、五年前の問い掛けが再びわが身に向かっているようだった。

パナマ文書報道の第一報から一週間後、日本の「表現の自由」を調査するため、国連特別報告者のデービッド・ケイ氏が来日した。表現の自由に関する特別報告者が日本を調査するのは初めてだった。

来日から約一週間後、調査を終えたケイ氏は都内で記者会見を行った。柔和な笑みとは対照的に、その口から発せられる数々の言葉は実に厳しい。会見場で取材ノートを広げながら、ケイ氏の言葉もまた、私に向かってきた。


「調査で明らかになった事実があります。日本では表現、言論の自由が強く約束されているということです。日本の憲法二一条には『集会、結社および言論、出版その他一切の表現の自由はこれを保障する。検閲はこれをしてはならない』と書かれています。日本はあらゆる情報を尊び、伝える権利を有することを徹底しようとしています。それにもかかわらず、報道の独立性は重大な脅威に直面しています。面会した多くのジャーナリストが『匿名でなければ話ができない』と言いました。このこと自体、異常です。日本のジャーナリズムは深刻な問題を抱えています」

「政府とメディアの間に緊張感があることは正常です。むしろ健全だと考えます。メディアは、その中で独立して報道することが求められています。政府から批判されたり、圧力をかけられたりした場合、メディアはそれを押し返さなければなりません。しかし、日本では押し返す力が見えません。ジャーナリストの皆さんに奨励したいのは、皆さんがよりプロフェッショナルとなるため、報道各社の壁を越えて、メディアを横断するネットワークを設立することです。プロのジャーナリスト集団として団結することで独立性を保つことを奨励したいと思います」

正直、悔しかった。情けない思いもした。ここまで言われてしまうのか、と。

それでも、本書に登場する八人の言葉を読み返し、その気概や地道な努力に触れると、希望も感じる。

東日本大震災後、既存の新聞、テレビは信頼を大きく失墜させた。

とりわけ、福島第一原発事故報道は「日本のマスコミの敗戦」と言われた。避難指示区域から記者がいなくなったことを指し、「全テレビ、全新聞社が逃げた」と言う人もいる。

だが、それは事実と異なる。避難指示区域に入って、取材した記者も、カメラマンも、音声マンもいた。

原発事故直後から現地で取材し、その後も原発問題を追い続けるTBS報道番組「NEWS23」プロデューサーの萩原豊記者は、インタビューの中でこう語った。


「市民の側に立った調査報道を進め、権力に対して問題提起していくことが、報道機関にとって、より一層、大切になってくる」

世界的な調査報道を手掛けたアレッシアさんは言い切った。

「ジャーナリストとして報道する責任がある」

二人の言葉は、リクルート報道を手掛けた山本博氏のかつての言葉と見事に重なる。山本氏の言葉はこうだ。

「ジャーナリズムは公権力を監視しなければいけない。その結果を読者・国民に伝えなければいけない。そういう使命・義務がある」

記者がペンを取るのは、ペンで闘うためである。何が隠されていて、どんな事実を引っ張り出して、そして市民に何を伝えるか、日々の地味な取材の中でそれをどうやって見出すか。それらは、時代が変わっても、社会が変遷しても、報道の変わらない役割だ。

インタビューを終えて、あらためて「権力vs.調査報道」の意味を胸に刻んでいる。

あとがき

二〇一六年は、世界のジャーナリズム史に刻まれる年になった。租税回避地（タックスヘイブン）で世界の政治家や富裕層たちは、いったい何をしているのか。その資金の流れを暴いた「パナマ文書」をめぐるニュースが四月四日未明（日本時間）、一斉に報道されたからだ。それによってアイスランド首相が辞任するなど、衝撃は世界各国に広がった。

パナマ文書報道は、取材手法の面でも特筆すべき内容を持っていた。一つの取材テーマに対し、七五カ国を超える一〇〇の報道機関と四〇〇人のジャーナリストが「連携」したのである。それを主導したのは、米国に拠点を置く非営利組織「国際調査報道ジャーナリスト連合」（ＩＣＩＪ）だ。グローバル化が進んだ現在、権力の乱用や不正は簡単に国境を越える。そうであれば、ジャーナリストも国境を越えて手を携え、調査報道を推進すべきではないか。ＩＣＩＪはそう考え、実行し、国際的なネットワークで権力を監視する新時代の調査報道モデルを実行してみせた、と言える。

法人登記やファクス、会社の定款、パスポートのコピーなど、法律事務所「モサック・フォンセカ」から流出した膨大なデータを検索する仕組みをテクノロジースタッフが作ったり、インターネット電話が世界各地にいる記者同士の連絡をたやすくしたり。技術革新がジャーナリストの仕事を支え、底上げし、技術者との協働も調査報道の大きなテーマであることも示した。

もっとも、時代が移り変わっても、調査報道の根源は変わらない、と私たちは考えている。「不正を明るみにだし、権力の側にいる者に説明責任を果たさせる」。それこそがジャーナリズムの役割であり、それを支えるのは記者の使命感と志、そして取材スキルである。

本書は「権力vs.調査報道」(旬報社、二〇一一年)の続編に相当する。出版の意図は前作と変わらない。

企業の枠を越えて取材のノウハウを共有し、取材スキルの向上を図りたい、それによって権力内部の隠された情報を少しでも市民社会に届け、民主主義の発展に寄与したい——。そうした試みである。

インタビューした八人は全員、惜しみなく、調査報道の手のうちを明かしてくれた。ライバルである他の新聞社や放送局の記者たちに、取材の過程やノウハウが伝わるかもしれない。しかし、八人はそれらを十分承知した上で「共有」に同意してくれた。

パナマ文書報道とは比すべくもないが、国境や企業の枠を越えてジャーナリストが連携し、学び会い、ノウハウも共有していく試みは、本書においてもささやかながら実現できたと思う。

本書に登場する八人は、それぞれに言葉が違う。経験も違う。取材対象へのアプローチの手法、内部文書の入手方法、分析時の視点、展開の読み方。それらも全て違う。同時に、本書を熟読していただくと分かる通り、共通項も実に多い。

本書は取材ノウハウの解説本であり、スクープの裏側を覗く内幕ものであり、記者個人の生活がにじみ出るヒューマンストーリーでもある。実際に調査報道に取り組んでいる記者は、実務的な先導役として読むことができる。ジャーナリスト志望の若い世代にとっては、意欲をさらにかき立てられることは間違いない。取材の過程で繰り広げられた数々の出来事は、一般の方々にとっても興味深く、刺激的な物語として読んでいただけると思う。

本書は二〇一五年暮れ頃から企画の構想が始まった。著者のうち、高田は高知新聞、大西は京都新聞、松島は神奈川新聞の所属である。それぞれに違う地方紙で記者を続けながら調査報道に関心があり、「取材の裏側を知りたい」「取材ノウハウの共有を進めたい」という強い思いがあった。

八人については、われわれが自らの判断で選んだ。その仕事が非常に優れていたことは疑いない。しかし、彼らの仕事以外にも優れた調査報道はたくさんあるのであり、八人はインタビュアーの個人的な関心などによって登場することになったにすぎない。

インタビューは、それぞれ三～五時間近くに及んだ。しつこい問いを繰り返すわれわれに対し、全員が実に辛抱強く対応してくれた。あらためて感謝したい。

インタビューを申し込んだ際、毎日新聞の日野行介記者からこんなメールが届いた。

「取材意欲が萎えそうなとき、あの本（『権力vs.調査報道』）を何度も読み返して、意欲を取り戻してきました」

この本もそうした力になるだろうか。

「あの時、あの本を読んで、それで……」と言ってもらえるような存在になるだろうか。

本書の内容が少しでも多くの人に伝わり、やがてどこかで、「あの本を読んで…」という声を耳にすることができれば、その瞬間、われわれはきっと、心の中で静かに胸を撫で下ろしている。

高田昌幸
大西祐資
松島佳子

二〇一六年秋

［編著者紹介］

高田昌幸（たかだ・まさゆき）

1960年、高知県生まれ。1986年、北海道新聞社に入社。経済部、社会部、東京政治経済部、報道本部次長、ロンドン支局長などを経て、2011年退社。2012年に高知新聞社入社。現在は報道部副部長。北海道新聞時代の1996年、北海道庁の不正経理問題取材で取材班メンバーとして新聞協会賞など受賞。2004年、北海道警察の裏金問題取材で取材班代表として、新聞協会賞、菊池寛賞などを受賞。

大西祐資（おおにし・ゆうじ）

1964年、京都市生まれ。1989年、京都新聞社に入社。社会報道部社会担当部長、編集局総務などを務め、2016年10月から南部支社編集部長。連載「こころの世紀」取材班として1994年度新聞協会賞受賞。脱・孤立キャンペーン「ひとりじゃないよ」と福島第1原発事故による県外避難者らを追った連載「故郷はるか」で、取材班代表として2012年と2014年の坂田記念ジャーナリズム賞を受賞。

松島佳子（まつしま・よしこ）

1982年、神奈川県生まれ。2005年、神奈川新聞社に入社。運動部、報道部（県警担当）、川崎支局、報道部（司法担当）を経て、米国のワシントン大学に留学。帰国後、報道部（遊軍）を経てデジタル編集部。神奈川新聞・長期連載「時代の正体」の取材班として、2016年の日本ジャーナリスト会議（JCJ）賞受賞。

権力に迫る「調査報道」

原発事故、パナマ文書、日米安保をどう報じたか

2016年12月12日　初版第1刷発行

編著者……………………………高田昌幸＋大西祐資＋松島佳子
ブックデザイン……………………宮脇宗平
発行者……………………………木内洋育
編集担当…………………………熊谷 満
発行所……………………………株式会社旬報社
〒112-0015 東京都文京区目白台2-14-13
電話（営業）03-3943-9911
http://www.junposha.com
印刷・製本………………………中央精版印刷株式会社

ISBN978-4-8451-1483-2